中华人民共和国妇女权益保障法

问答普及版

中国法制出版社

编辑说明

2022年10月30日，第十三届全国人民代表大会常务委员会第三十七次会议修订通过了《中华人民共和国妇女权益保障法》（以下简称《妇女权益保障法》），修订后的《妇女权益保障法》共10章86条。本次修订涉及的条款多、增加的规定多，结构上也有调整，在立法目的、政治权利、人身和人格权益、文化教育权益、劳动和社会保障权益、财产权益、婚姻家庭权益、救济措施、法律责任方面均作了完善。为了普及妇女权益保障方面的知识，帮助广大群众学习《妇女权益保障法》，我们特编写了本书。

本书主要包含以下内容：

1. **《妇女权益保障法》条文、条旨。**条文内容采用双色印刷，以提升读者阅读体验，并且每条均有精练的条旨，可以帮助读者快速了解检索法条内容。此外，本书还以波浪线的形式标注本次《妇女权益保障法》修订之处，帮助读者了解新规定、新精神。

2. **普法问答。**本书精选了一些与《妇女权益保障法》条文内容相关联的知识点并加工成问答形式，旨在帮助读者更好地学习理解法律条文。

3. **关联规定。**本书在法条下方标注相关联的法律、法规名称及条文序号，方便读者查找关联内容，进一步学习相关的法律、法规规定。

4. 典型案例。本书附录收录了一些与妇女权益保障相关的典型案例，并配以裁判结果和典型意义，帮助读者通过案例进一步了解法律的核心要义。

目　　录

中华人民共和国妇女权益保障法

（1992年4月3日第七届全国人民代表大会第五次会议通过　根据2005年8月28日第十届全国人民代表大会常务委员会第十七次会议《关于修改〈中华人民共和国妇女权益保障法〉的决定》第一次修正　根据2018年10月26日第十三届全国人民代表大会常务委员会第六次会议《关于修改〈中华人民共和国野生动物保护法〉等十五部法律的决定》第二次修正　2022年10月30日第十三届全国人民代表大会常务委员会第三十七次会议修订　2022年10月30日中华人民共和国主席令第122号公布　自2023年1月1日起施行）

目　　录

第一章　总　　则

第一条　立法目的*

为了保障妇女的合法权益，促进男女平等和妇女全面发展，充分发挥妇女在全面建设社会主义现代化国家中的作用，弘扬社会主义核心价值观，根据宪法，制定本法。

第二条　男女平等

男女平等是国家的基本国策。妇女在政治的、经济的、文化的、社会的和家庭的生活等各方面享有同男子平等的权利。

国家采取必要措施，促进男女平等，消除对妇女一切形式的歧视，禁止排斥、限制妇女依法享有和行使各项权益。

国家保护妇女依法享有的特殊权益。

普法问答

用人单位能够以性别为由拒绝录用妇女吗?

《劳动法》第十三条规定，妇女享有与男子平等的就业权利。

---

* 条文主旨为编者所加，全书同。

在录用职工时，除国家规定的不适合妇女的工种或者岗位外，不得以性别为由拒绝录用妇女或者提高对妇女的录用标准。

关联规定

《宪法》第四十八条；《劳动法》；《就业促进法》；《女职工劳动保护特别规定》

第三条　保障妇女权益工作机制

坚持中国共产党对妇女权益保障工作的领导，建立政府主导、各方协同、社会参与的保障妇女权益工作机制。

各级人民政府应当重视和加强妇女权益的保障工作。

县级以上人民政府负责妇女儿童工作的机构，负责组织、协调、指导、督促有关部门做好妇女权益的保障工作。

县级以上人民政府有关部门在各自的职责范围内做好妇女权益的保障工作。

普法问答

国务院负责妇女儿童工作议事协调的机构是哪个？

国务院妇女儿童工作委员会，是国务院负责妇女儿童工作的议事协调机构，负责协调和推动政府有关部门执行妇女儿童的各项法律法规和政策措施，发展妇女儿童事业。其基本职能是：（1）协调和推动政府有关部门做好维护妇女儿童权益工作；（2）协调和推动政府有关部门制定和实施妇女和儿童发展纲要；（3）协调和推动政府有关部门为开展妇女儿童工作和发展妇女儿童事业提供必要的人力、财力、物力；（4）指导、督促和检查各省、自治区、直辖市人民政府妇女儿童工作委员会的工作。

第四条　保障妇女权益的责任主体

保障妇女的合法权益是全社会的共同责任。国家机关、社会团体、企业事业单位、基层群众性自治组织以及其他组织和个人，应当依法保障妇女的权益。

国家采取有效措施，为妇女依法行使权利提供必要的条件。

第五条　中国妇女发展纲要及区域妇女发展规划

国务院制定和组织实施中国妇女发展纲要，将其纳入国民经济和社会发展规划，保障和促进妇女在各领域的全面发展。

县级以上地方各级人民政府根据中国妇女发展纲要，制定和组织实施本行政区域的妇女发展规划，将其纳入国民经济和社会发展规划。

县级以上人民政府应当将妇女权益保障所需经费列入本级预算。

1. 为什么要制定中国妇女发展纲要？

进入新时代，我国社会主要矛盾发生历史性变化，妇女群众对美好生活的需要日益广泛，妇女发展的不平衡不充分问题仍然突出。城乡、区域和群体之间妇女发展存在差距，农村特别是欠发达地区妇女民生保障力度还需加大。妇女在就业、人身财产、婚姻家庭等方面平等权利的保障仍面临现实困难。妇女参与国家和经济文化社会事务管理的水平有待全面提升。针对妇女各种形式的歧视不同程度存在，性别平等观念有待进一步普及，妇女发展的社会环境需要进一步优化。让性别平等落到实处、推动妇女走在时代前列，使命艰巨、任重道远。

统筹推进“五位一体”总体布局，协调推进“四个全面”战略布局，推进国家治理体系和治理能力现代化，为更高水平促进男女平等和妇女全面发展提供了重大机遇。贯彻以人民为中心的发展思想，坚持新发展理念，坚持系统观念，对充分发挥妇女在社会生活和家庭生活中的独特作用，显著增强妇女的获得感、幸福感、安全感提出了更高要求。世界百年未有之大变局加速演进，推动构建人类命运共同体，建设一个妇女免于歧视的世界，打造一个包容发展的社会，对推动全球性别平等事业发展提出了新的要求。必须在把握新发展阶段、贯彻新发展理念、构建新发展格局中，科学规划妇女全面发展的新目标新任务，健全完善制度机制，团结引领妇女建功新时代、奋进新征程。

2021 年 9 月 8 日，国务院印发《中国妇女发展纲要（2021—2030 年）》，纲要围绕健康、教育、经济、参与决策和管理、社会保障、家庭建设、环境、法律八个领域，提出了75项主要目标和93项策略措施。

2.《中国妇女发展纲要（2021—2030年）》提出的总体目标是什么？

男女平等基本国策得到深入贯彻落实，促进男女平等和妇女全面发展的制度机制创新完善。妇女平等享有全方位全生命周期健康服务，健康水平持续提升。妇女平等享有受教育权利，素质能力持续提高。妇女平等享有经济权益，经济地位稳步提升。妇女平等享有政治权利，参与国家和经济文化社会事务管理的水平逐步提高。妇女平等享有多层次可持续的社会保障，待遇水平稳步提高。支持家庭发展的法规政策体系更加完善，社会主义家庭文明新风尚广泛弘扬。男女平等理念更加深入人心，妇女发展环境更为优化。法治体系更加健全，妇女合法权益得到切实保障。妇女的获得感、幸福感、安全感显著提升。展望2035年，与国家基本实现社会主义现代化相适应，男女平等和妇女全面发展取得更为明显的实质性进展，妇女更好地担负起新时代赋予的光荣使命，为实现中华民族伟大复兴的中国梦而不懈奋斗。

关联规定

《中国妇女发展纲要（2021—2030年）》

第六条　维护妇女权益的群团组织

中华全国妇女联合会和地方各级妇女联合会依照法律和中华全国妇女联合会章程，代表和维护各族各界妇女的利益，做好维护妇女权益、促进男女平等和妇女全面发展的工作。

工会、共产主义青年团、残疾人联合会等群团组织应当在各自的工作范围内，做好维护妇女权益的工作。

普法问答

1. 中华全国妇女联合会是什么性质的组织？

中华全国妇女联合会是全国各族各界妇女为争取进一步解放与发展而联合起来的群团组织，是中国共产党领导下的人民团体，是党和政府联系妇女群众的桥梁和纽带，是国家政权的重要社会支柱。

2. 中华全国妇女联合会的任务有哪些？

根据《中华全国妇女联合会章程》第一章规定，中华全国妇女联合会的任务有：

（1）组织引导妇女学习贯彻习近平新时代中国特色社会主义思想和党的路线方针政策，用中国特色社会主义共同理想凝聚妇女。

（2）团结动员妇女投身改革开放和社会主义经济建设、政治建设、文化建设、社会建设和生态文明建设，注重发挥妇女在社会生活和家庭生活中的独特作用，为中国特色社会主义伟大实践作贡献。

（3）代表妇女参与管理国家事务、管理经济和文化事业、管理社会事务，参与民主决策、民主管理、民主监督，参与有关法律、法规、规章和政策的制定，参与社会治理和公共服务，推动保障妇女权益法律政策和妇女、儿童发展纲要的实施。

（4）维护妇女儿童合法权益，倾听妇女意见，反映妇女诉求，向各级国家机关提出有关建议，要求并协助有关部门或单位查处侵害妇女儿童权益的行为，为受侵害的妇女儿童提供帮助。

（5）教育引导妇女树立自尊、自信、自立、自强的精神，提高综合素质，实现全面发展。宣传马克思主义妇女观，推动落实男女平等基本国策，营造有利于妇女全面发展的社会环境。宣传表彰优秀妇女典型，培养、推荐女性人才。

（6）教育引导妇女践行社会主义核心价值观，弘扬中华优秀文化，组织开展家庭文明创建，支持服务家庭教育，传承中华民族家庭美德，树立良好家风，推动形成家庭文明新风尚。

（7）关心妇女工作生活，拓宽服务渠道，创新服务方式，建设服务阵地，发展公益事业，壮大巾帼志愿者队伍，加强妇女之家建设。联系和引导女性社会组织，加强与社会各界的协作，推动全社会为妇女儿童和家庭服务。

（8）巩固和扩大各族各界妇女的大团结。加强同香港特别行政区、澳门特别行政区、台湾地区和海外华侨华人妇女、妇女组织的交流合作，推进现代化建设和祖国和平统一。

（9）积极发展同世界各国妇女和妇女组织的友好交往，加深了解、增进友谊、促进合作，积极参与“一带一路”建设，推动构建人类命运共同体，为维护世界和平、促进共同发展作贡献。

关联规定

《中华全国妇女联合会章程》

第七条　妇女维护合法权益和履行义务

国家鼓励妇女自尊、自信、自立、自强，运用法律维护自身合法权益。

妇女应当遵守国家法律，尊重社会公德、职业道德和家庭美德，履行法律所规定的义务。

普法问答

1. 社会公德、职业道德、家庭美德分别包括哪些主要内容？

2019 年中共中央、国务院印发的《新时代公民道德建设实施纲要》指出，要把社会公德、职业道德、家庭美德、个人品德建设作为着力点。推动践行以文明礼貌、助人为乐、爱护公物、保护环境、遵纪守法为主要内容的社会公德，鼓励人们在社会上做一个好公民；推动践行以爱岗敬业、诚实守信、办事公道、热情服务、奉献社会为主要内容的职业道德，鼓励人们在工作中做一个好建设者；推动践行以尊老爱幼、男女平等、夫妻和睦、勤俭持家、邻里互助为主要内容的家庭美德，鼓励人们在家庭里做一个好成员；推动践行以爱国奉献、明礼遵规、勤劳善良、宽厚正直、自强自律为主要内容的个人品德，鼓励人们在日常生活中养成好品行。

2. 妇女联合会在弘扬中华民族家庭美德方面有什么作用？

《中华全国妇女联合会章程》第六条规定，中华全国妇女联合会的任务之一是教育引导妇女践行社会主义核心价值观，弘扬中华优秀文化，组织开展家庭文明创建，支持服务家庭教育，传承中华民族家庭美德，树立良好家风，推动形成家庭文明新风尚。

《家庭教育促进法》第三十五条规定，妇女联合会发挥妇女在弘扬中华民族家庭美德、树立良好家风等方面的独特作用，宣传普及家庭教育知识，通过家庭教育指导机构、社区家长学校、文明家庭建设等多种渠道组织开展家庭教育实践活动，提供家庭教育指导服务。

关联规定

《宪法》第三十三条；《新时代公民道德建设实施纲要》；《中华全国妇女联合会章程》；《家庭教育促进法》

第八条　涉及妇女权益的立法工作应听取妇女联合会意见

有关机关制定或者修改涉及妇女权益的法律、法规、规章和其他规范性文件，应当听取妇女联合会的意见，充分考虑妇女的特殊权益，必要时开展男女平等评估。

关联规定

《立法法》；《行政法规制定程序条例》

第九条　妇女发展状况统计调查制度

国家建立健全妇女发展状况统计调查制度，完善性别统计监测指标体系，定期开展妇女发展状况和权益保障统计调查和分析，发布有关信息。

普法问答

如何完善性别统计监测指标体系？

《中国妇女发展纲要（2021—2030 年）》指出，要加强分性别统计监测。规范完善性别统计监测指标体系，根据需要调整扩充妇女发展统计指标，推动纳入国家和部门常规统计以及统计调查制度，加强部门分性别统计工作，推进分性别统计监测制度化建设。国家、省、市三级建立完善妇女发展统计监测数据库，支持县级妇女发展统计监测数据库建设。鼓励支持相关部门对妇女发展缺项数据开展专项统计调查。

关联规定

《中国妇女发展纲要（2021—2030 年）》

第十条　将男女平等基本国策纳入国民教育体系

国家将男女平等基本国策纳入国民教育体系，开展宣传教育，增强全社会的男女平等意识，培育尊重和关爱妇女的社会风尚。

第十一条　表彰和奖励

国家对保障妇女合法权益成绩显著的组织和个人，按照有关规定给予表彰和奖励。

第二章　政治权利

第十二条　政治权利男女平等

国家保障妇女享有与男子平等的政治权利。

关联规定

《宪法》第四十八条

第十三条　妇女参与管理各项事务的权利

妇女有权通过各种途径和形式，依法参与管理国家事务、管理经济和文化事业、管理社会事务。

妇女和妇女组织有权向各级国家机关提出妇女权益保障方面的意见和建议。

关联规定

《宪法》第二条

第十四条　选举权和被选举权男女平等

妇女享有与男子平等的选举权和被选举权。

全国人民代表大会和地方各级人民代表大会的代表中，应当保证有适当数量的妇女代表。国家采取措施，逐步提高全国人民代表大会和地方各级人民代表大会的妇女代表的比例。

居民委员会、村民委员会成员中，应当保证有适当数量的妇女成员。

普法问答

村民代表会议中，对妇女村民代表的人数有要求吗？

《村民委员会组织法》第二十五条第一款规定，人数较多或者居住分散的村，可以设立村民代表会议，讨论决定村民会议授权的事项。村民代表会议由村民委员会成员和村民代表组成，村民代表应当占村民代表会议组成人员的五分之四以上，妇女村民代表应当占村民代表会议组成人员的三分之一以上。

关联规定

《宪法》第三十四条；《全国人民代表大会和地方各级人民代表大会选举法》第四条、第七条；《村民委员会组织法》第六条、第二十五条

第十五条　培养和选拔女干部

国家积极培养和选拔女干部，重视培养和选拔少数民

族女干部。

国家机关、群团组织、企业事业单位培养、选拔和任用干部，应当坚持男女平等的原则，并有适当数量的妇女担任领导成员。

妇女联合会及其团体会员，可以向国家机关、群团组织、企业事业单位推荐女干部。

国家采取措施支持女性人才成长。

普法问答

如何加大培养选拔女干部工作力度？

《中国妇女发展纲要（2021—2030年）》中提出了“加大培养选拔女干部工作力度”的策略措施，即培养忠诚干净担当的高素质专业化女干部，促进女干部不断增强学习本领、政治领导本领、改革创新本领、科学发展本领、依法执政本领、群众工作本领、狠抓落实本领、驾驭风险本领。优化女干部成长路径，注重日常培养和战略培养，为女干部参加教育培训、交流任职、挂职锻炼创造条件和机会。注重从基层、生产一线培养选拔女干部，注重选拔女干部到重要部门、关键岗位担任领导职务。注重保持优秀年轻干部队伍中女干部的合理比例。落实女干部选拔配备的目标任务，在保证质量的前提下实现应配尽配。保障妇女在干部录用、选拔、任（聘）用、晋升、退休各环节不因性别受到歧视。

关联规定

《宪法》第四十八条；《中国妇女发展纲要（2021—2030 年）》

第十六条　妇女联合会代表妇女参与国家和社会事务的管理

妇女联合会代表妇女积极参与国家和社会事务的民主协商、民主决策、民主管理和民主监督。

普法问答

中华全国妇女联合会如何代表妇女参与国家和社会事务的管理？

《中华全国妇女联合会章程》第三条规定，中华全国妇女联合会代表妇女参与管理国家事务、管理经济和文化事业、管理社会事务，参与民主决策、民主管理、民主监督，参与有关法律、法规、规章和政策的制定，参与社会治理和公共服务，推动保障妇女权益法律政策和妇女、儿童发展纲要的实施。

关联规定

《中华全国妇女联合会章程》第三条

第十七条　有关妇女权益保障工作的批评、建议、申诉、控告和检举

对于有关妇女权益保障工作的批评或者合理可行的建

议，有关部门应当听取和采纳；对于有关侵害妇女权益的申诉、控告和检举，有关部门应当查清事实，负责处理，任何组织和个人不得压制或者打击报复。

关联规定

《宪法》第四十一条

第三章　人身和人格权益

第十八条　人身和人格权益男女平等

国家保障妇女享有与男子平等的人身和人格权益。

普法问答

人格权益包含哪些内容？

《民法典》第九百九十条规定，人格权是民事主体享有的生命权、身体权、健康权、姓名权、名称权、肖像权、名誉权、荣誉权、隐私权等权利。除这些人格权外，自然人享有基于人身自由、人格尊严产生的其他人格权益。

关联规定

《民法典》人格权编

第十九条　妇女的人身自由不受侵犯

妇女的人身自由不受侵犯。禁止非法拘禁和以其他非法手段剥夺或者限制妇女的人身自由；禁止非法搜查妇女的身体。

普法问答

1. 非法拘禁或者非法搜查妇女身体的，应当承担什么民事责任？

《民法典》第一千零一十一条规定，以非法拘禁等方式剥夺、限制他人的行动自由，或者非法搜查他人身体的，受害人有权依法请求行为人承担民事责任，包括停止侵害、赔偿损失、赔礼道歉等。

2. 非法拘禁或者非法搜查妇女身体的，应当承担什么刑事责任？

《刑法》第二百三十八条规定，非法拘禁他人或者以其他方法非法剥夺他人人身自由的，处三年以下有期徒刑、拘役、管制或者剥夺政治权利。具有殴打、侮辱情节的，从重处罚。

犯非法拘禁罪，致人重伤的，处三年以上十年以下有期徒刑；致人死亡的，处十年以上有期徒刑。使用暴力致人伤残、死亡的，依照《刑法》第二百三十四条、第二百三十二条的规定定罪处罚。为索取债务非法扣押、拘禁他人的，依照前述规定处罚。国家机关工作人员利用职权犯非法拘禁罪的，依照前述规定从重处罚。

《刑法》第二百四十五条规定，非法搜查他人身体、住宅，或者非法侵入他人住宅的，处三年以下有期徒刑或者拘役。司法工作人员滥用职权，犯非法搜查罪的，从重处罚。

3. 侦查人员搜查妇女身体时，应当注意什么？

《刑事诉讼法》第一百三十八条、第一百三十九条规定，进行搜查，必须向被搜查人出示搜查证。在执行逮捕、拘留的时候，遇有紧急情况，不另用搜查证也可以进行搜查。在搜查的时候，应当有被搜查人或者他的家属，邻居或者其他见证人在场。搜查妇女的身体，应当由女工作人员进行。

关联规定

《民法典》第一千零一十一条、第一百七十九条；《刑法》第二百三十八条、第二百四十五条；《刑事诉讼法》第一百三十八条、第一百三十九条

第二十条　妇女的人格尊严不受侵犯

妇女的人格尊严不受侵犯。禁止用侮辱、诽谤等方式损害妇女的人格尊严。

普法问答

侮辱诽谤、诬告陷害他人的，应当承担什么刑事责任？

《刑法》第二百四十六条第一款规定，以暴力或者其他方法公然侮辱他人或者捏造事实诽谤他人，情节严重的，处三年以下有期徒刑、拘役、管制或者剥夺政治权利。

《刑法》第二百四十三条规定，捏造事实诬告陷害他人，意图使他人受刑事追究，情节严重的，处三年以下有期徒刑、拘役或者管制；造成严重后果的，处三年以上十年以下有期徒刑。国家机关工作人员犯诬告陷害罪的，从重处罚。不是有意诬陷，而是错告，或者检举失实的，不适用前述规定。

关联规定

《民法典》第九百九十条；《刑法》第二百四十三条、第二百四十六条

第二十一条　妇女的生命权、身体权、健康权不受侵犯

妇女的生命权、身体权、健康权不受侵犯。禁止虐待、遗弃、残害、买卖以及其他侵害女性生命健康权益的行为。

禁止进行非医学需要的胎儿性别鉴定和选择性别的人工终止妊娠。

医疗机构施行生育手术、特殊检查或者特殊治疗时，应当征得妇女本人同意；在妇女与其家属或者关系人意见不一致时，应当尊重妇女本人意愿。

普法问答

1. 实施殴打、虐待等残害妇女生命健康的行为的，可能会承担哪些法律责任？

《民法典》第一千一百七十九条规定，侵害他人造成人身损害的，应当赔偿医疗费、护理费、交通费、营养费、住院伙食补助费等为治疗和康复支出的合理费用，以及因误工减少的收入。造成残疾的，还应当赔偿辅助器具费和残疾赔偿金；造成死亡的，还应当赔偿丧葬费和死亡赔偿金。

《治安管理处罚法》第四十三条规定，殴打他人的，或者故意伤害他人身体的，处五日以上十日以下拘留，并处二百元以上五百元以下罚款；情节较轻的，处五日以下拘留或者五百元以下罚款。有下列情形之一的，处十日以上十五日以下拘留，并处五百元以上一千元以下罚款：(1) 结伙殴打、伤害他人的；(2) 殴打、伤害残疾人、孕妇、不满十四周岁的人或者六十周岁以上的人的；(3) 多次殴打、伤害他人或者一次殴打、伤害多人的。

《刑法》第二百三十四条规定，故意伤害他人身体的，处三年以下有期徒刑、拘役或者管制。犯故意伤害罪，致人重伤的，处三年以上十年以下有期徒刑；致人死亡或者以特别残忍手段致人重伤造成严重残疾的，处十年以上有期徒刑、无期徒刑或者死刑。

《刑法》第二百六十条规定，虐待家庭成员，情节恶劣的，处二年以下有期徒刑、拘役或者管制。犯虐待罪，致使被害人重伤、死亡的，处二年以上七年以下有期徒刑。

2. 为他人进行非医学需要的胎儿性别鉴定或者选择性别的人工终止妊娠的，应当承担什么法律责任?

《人口与计划生育法》第四十条规定，违反本法规定，有下列行为之一的，由卫生健康主管部门责令改正，给予警告，没收违法所得；违法所得一万元以上的，处违法所得二倍以上六倍以下的罚款；没有违法所得或者违法所得不足一万元的，处一万元以上三万元以下的罚款；情节严重的，由原发证机关吊销执业证书；构成犯罪的，依法追究刑事责任：(1) 非法为他人施行计划生育手术的；(2) 利用超声技术和其他技术手段为他人进行非医学需要的胎儿性别鉴定或者选择性别的人工终止妊娠的。

关联规定

《母婴保健法》第三十二条；《人口与计划生育法》第四十条；《民法典》第一千一百七十九条；《治安管理处罚法》第四十三条；《刑法》第二百三十四条、第二百六十条

第二十二条　禁止拐卖、绑架妇女

禁止拐卖、绑架妇女；禁止收买被拐卖、绑架的妇女；禁止阻碍解救被拐卖、绑架的妇女。

各级人民政府和公安、民政、人力资源和社会保障、卫生健康等部门及村民委员会、居民委员会按照各自的职责及时发现报告，并采取措施解救被拐卖、绑架的妇女，做好被解救妇女的安置、救助和关爱等工作。妇女联合会协助和配合做好有关工作。任何组织和个人不得歧视被拐卖、绑架的妇女。

普法问答

1. 拐卖妇女的行为包括哪些？实施拐卖妇女行为的，应当受到什么处罚？

根据《刑法》第二百四十条的规定，拐卖妇女的行为包括以出卖为目的的拐骗、绑架、收买、贩卖、接送、中转妇女。

拐卖妇女、儿童的，处五年以上十年以下有期徒刑，并处罚金；有下列情形之一的，处十年以上有期徒刑或者无期徒刑，并处

罚金或者没收财产；情节特别严重的，处死刑，并处没收财产：

（1）拐卖妇女、儿童集团的首要分子；

（2）拐卖妇女、儿童三人以上的；

（3）奸淫被拐卖的妇女的；

（4）诱骗、强迫被拐卖的妇女卖淫或者将被拐卖的妇女卖给他人迫使其卖淫的；

（5）以出卖为目的，使用暴力、胁迫或者麻醉方法绑架妇女、儿童的；

（6）以出卖为目的，偷盗婴幼儿的；

（7）造成被拐卖的妇女、儿童或者其亲属重伤、死亡或者其他严重后果的；

（8）将妇女、儿童卖往境外的。

2. 收买被拐卖的妇女的，应当受到哪些处罚？

《刑法》第二百四十一条规定，收买被拐卖的妇女、儿童的，处三年以下有期徒刑、拘役或者管制。收买被拐卖的妇女，强行与其发生性关系的，依照《刑法》第二百三十六条的规定定罪处罚。收买被拐卖的妇女、儿童，非法剥夺、限制其人身自由或者有伤害、侮辱等犯罪行为的，依照《刑法》的有关规定定罪处罚。收买被拐卖的妇女、儿童，并有前述规定的犯罪行为的，依照数罪并罚的规定处罚。收买被拐卖的妇女、儿童又出卖的，依照《刑法》第二百四十条的规定定罪处罚。

收买被拐卖的妇女、儿童，对被买儿童没有虐待行为，不阻碍对其进行解救的，可以从轻处罚；按照被买妇女的意愿，不阻碍其返回原居住地的，可以从轻或者减轻处罚。

3. 绑架妇女应当受到什么处罚？

《刑法》第二百三十九条规定，以勒索财物为目的绑架他人的，或者绑架他人作为人质的，处十年以上有期徒刑或者无期徒刑，并处罚金或者没收财产；情节较轻的，处五年以上十年以下有期徒刑，并处罚金。犯绑架罪，杀害被绑架人的，或者故意伤害被绑架人，致人重伤、死亡的，处无期徒刑或者死刑，并处没收财产。以勒索财物为目的偷盗婴幼儿的，依照前述规定处罚。

4. 不解救或阻碍解救被拐卖、绑架的妇女、儿童的，应当承担哪些刑事责任？

《刑法》第四百一十六条规定，对被拐卖、绑架的妇女、儿童负有解救职责的国家机关工作人员，接到被拐卖、绑架的妇女、儿童及其家属的解救要求或者接到其他人的举报，而对被拐卖、绑架的妇女、儿童不进行解救，造成严重后果的，处五年以下有期徒刑或者拘役。负有解救职责的国家机关工作人员利用职务阻碍解救的，处二年以上七年以下有期徒刑；情节较轻的，处二年以下有期徒刑或者拘役。

关联规定

《刑法》第二百三十九条、第二百四十条、第二百四十一条、第四百一十六条

第二十三条　禁止对妇女实施性骚扰

禁止违背妇女意愿，以言语、文字、图像、肢体行为等方式对其实施性骚扰。

受害妇女可以向有关单位和国家机关投诉。接到投诉的有关单位和国家机关应当及时处理，并书面告知处理结果。

受害妇女可以向公安机关报案，也可以向人民法院提起民事诉讼，依法请求行为人承担民事责任。

普法问答

实施性骚扰的，应当承担哪些法律责任？

《民法典》第一千零一十条第一款规定，违背他人意愿，以言语、文字、图像、肢体行为等方式对他人实施性骚扰的，受害人有权依法请求行为人承担民事责任。

《治安管理处罚法》第四十二条规定，多次发送淫秽、侮辱、恐吓或者其他信息，干扰他人正常生活的，处五日以下拘留或者五百元以下罚款；情节较重的，处五日以上十日以下拘留，可以并处五百元以下罚款。第四十四条规定，猥亵他人的，或者在公共场所故意裸露身体，情节恶劣的，处五日以上十日以下拘留；猥亵智力残疾人、精神病人、不满十四周岁的人或者有其他严重情节的，处十日以上十五日以下拘留。

关联规定

《治安管理处罚法》第四十二条、第四十四条；《民法典》第一千零一十条；《妇女权益保障法》第八十条、第八十一条

第二十四条　学校对女学生被性骚扰的防范措施

学校应当根据女学生的年龄阶段，进行生理卫生、心理健康和自我保护教育，在教育、管理、设施等方面采取措施，提高其防范性侵害、性骚扰的自我保护意识和能力，保障女学生的人身安全和身心健康发展。

学校应当建立有效预防和科学处置性侵害、性骚扰的工作制度。对性侵害、性骚扰女学生的违法犯罪行为，学校不得隐瞒，应当及时通知受害未成年女学生的父母或者其他监护人，向公安机关、教育行政部门报告，并配合相关部门依法处理。

对遭受性侵害、性骚扰的女学生，学校、公安机关、教育行政部门等相关单位和人员应当保护其隐私和个人信息，并提供必要的保护措施。

普法问答

学校应当采取哪些措施避免性骚扰、性侵害的违法犯罪行为？

《民法典》第一千零一十条第二款规定，机关、企业、学校等单位应当采取合理的预防、受理投诉、调查处置等措施，防止和制止利用职权、从属关系等实施性骚扰。

《未成年人学校保护规定》第二十四条规定，学校应当建立健全教职工与学生交往行为准则、学生宿舍安全管理规定、视频监控管理规定等制度，建立预防、报告、处置性侵害、性骚扰工作机制。

学校应当采取必要措施预防并制止教职工以及其他进入校园的人员实施以下行为：

（1）与学生发生恋爱关系、性关系；

（2）抚摸、故意触碰学生身体特定部位等猥亵行为；

（3）对学生作出调戏、挑逗或者具有性暗示的言行；

（4）向学生展示传播包含色情、淫秽内容的信息、书刊、影片、音像、图片或者其他淫秽物品；

（5）持有包含淫秽、色情内容的视听、图文资料；

（6）其他构成性骚扰、性侵害的违法犯罪行为。

关联规定

《未成年人保护法》第四十条、第五十四条；《未成年人学校保护规定》；《民法典》第一千零一十条

第二十五条　用人单位对妇女被性骚扰的防范措施

用人单位应当采取下列措施预防和制止对妇女的性骚扰：

（一）制定禁止性骚扰的规章制度；

（二）明确负责机构或者人员；

（三）开展预防和制止性骚扰的教育培训活动；

（四）采取必要的安全保卫措施；

（五）设置投诉电话、信箱等，畅通投诉渠道；

（六）建立和完善调查处置程序，及时处置纠纷并保护当事人隐私和个人信息；

（七）支持、协助受害妇女依法维权，必要时为受害妇女提供心理疏导；

（八）其他合理的预防和制止性骚扰措施。

第二十六条　住宿经营者对妇女安全的保障措施

住宿经营者应当及时准确登记住宿人员信息，健全住宿服务规章制度，加强安全保障措施；发现可能侵害妇女权益的违法犯罪行为，应当及时向公安机关报告。

第二十七条　禁止卖淫、嫖娼等活动

禁止卖淫、嫖娼；禁止组织、强迫、引诱、容留、介绍妇女卖淫或者对妇女进行猥亵活动；禁止组织、强迫、引诱、容留、介绍妇女在任何场所或者利用网络进行淫秽表演活动。

普法问答

1. 卖淫、嫖娼的，应当受到什么处罚？

《治安管理处罚法》第六十六条规定，卖淫、嫖娼的，处十日以上十五日以下拘留，可以并处五千元以下罚款；情节较轻的，处五日以下拘留或者五百元以下罚款。在公共场所拉客招嫖的，处五日以下拘留或者五百元以下罚款。

2. 引诱、容留、介绍他人卖淫的，应当受到什么处罚？

《治安管理处罚法》第六十七条规定，引诱、容留、介绍他人卖淫的，处十日以上十五日以下拘留，可以并处五千元以下罚款；情节较轻的，处五日以下拘留或者五百元以下罚款。

《刑法》第三百五十九条规定，引诱、容留、介绍他人卖淫的，处五年以下有期徒刑、拘役或者管制，并处罚金；情节严重的，处五年以上有期徒刑，并处罚金。引诱不满十四周岁的幼女卖淫的，处五年以上有期徒刑，并处罚金。

3. 组织、强迫他人卖淫的，应当承担什么刑事责任？

《刑法》第三百五十八条规定，组织、强迫他人卖淫的，处五年以上十年以下有期徒刑，并处罚金；情节严重的，处十年以上有期徒刑或者无期徒刑，并处罚金或者没收财产。组织、强迫未成年人卖淫的，依照前述规定从重处罚。犯组织卖淫罪和强迫卖淫罪，并有杀害、伤害、强奸、绑架等犯罪行为的，依照数罪并罚的规定处罚。为组织卖淫的人招募、运送人员或者有其他协助组织他人卖淫行为的，处五年以下有期徒刑，并处罚金；情节严重的，处五年以上十年以下有期徒刑，并处罚金。

4. 强制猥亵、侮辱妇女的，应当承担哪些法律责任？

《刑法》第二百三十七条规定，以暴力、胁迫或者其他方法强制猥亵他人或者侮辱妇女的，处五年以下有期徒刑或者拘役。聚众或者在公共场所当众犯强制猥亵、侮辱罪的，或者有其他恶劣情节的，处五年以上有期徒刑。

关联规定

《治安管理处罚法》第六十六条、第六十七条；《刑法》第三百五十八条、第三百五十九条、第二百三十七条

第二十八条　保护妇女的姓名权、肖像权等人格权益

妇女的姓名权、肖像权、名誉权、荣誉权、隐私权和个人信息等人格权益受法律保护。

媒体报道涉及妇女事件应当客观、适度，不得通过夸大事实、过度渲染等方式侵害妇女的人格权益。

禁止通过大众传播媒介或者其他方式贬低损害妇女人格。未经本人同意，不得通过广告、商标、展览橱窗、报纸、期刊、图书、音像制品、电子出版物、网络等形式使用妇女肖像，但法律另有规定的除外。

普法问答

1. 什么是肖像？肖像权人享有哪些具体的权利？

《民法典》第一千零一十八条第二款规定，肖像是通过影像、雕塑、绘画等方式在一定载体上所反映的特定自然人可以被识别的外部形象。第一千零一十八条第一款规定，自然人享有肖像权，有权依法制作、使用、公开或者许可他人使用自己的肖像。

第一千零一十九条规定，任何组织或者个人不得以丑化、污损，或者利用信息技术手段伪造等方式侵害他人的肖像权。未经肖像权人同意，不得制作、使用、公开肖像权人的肖像，但是法律另

有规定的除外。未经肖像权人同意，肖像作品权利人不得以发表、复制、发行、出租、展览等方式使用或者公开肖像权人的肖像。

2. 哪些是可以不经肖像权人同意，合理使用肖像的行为？

《民法典》第一千零二十条规定，合理实施下列行为的，可以不经肖像权人同意：

（1）为个人学习、艺术欣赏、课堂教学或者科学研究，在必要范围内使用肖像权人已经公开的肖像；

（2）为实施新闻报道，不可避免地制作、使用、公开肖像权人的肖像；

（3）为依法履行职责，国家机关在必要范围内制作、使用、公开肖像权人的肖像；

（4）为展示特定公共环境，不可避免地制作、使用、公开肖像权人的肖像；

（5）为维护公共利益或者肖像权人合法权益，制作、使用、公开肖像权人的肖像的其他行为。

关联规定

《民法典》人格权编

第二十九条　保护妇女的隐私和个人信息

禁止以恋爱、交友为由或者在终止恋爱关系、离婚之后，纠缠、骚扰妇女，泄露、传播妇女隐私和个人信息。

妇女遭受上述侵害或者面临上述侵害现实危险的，可以向人民法院申请人身安全保护令。

普法问答

哪些是侵害他人隐私的行为?

《民法典》第一千零三十三条规定，除法律另有规定或者权利人明确同意外，任何组织或者个人不得实施下列行为：

（1）以电话、短信、即时通讯工具、电子邮件、传单等方式侵扰他人的私人生活安宁；

（2）进入、拍摄、窥视他人的住宅、宾馆房间等私密空间；

（3）拍摄、窥视、窃听、公开他人的私密活动；

（4）拍摄、窥视他人身体的私密部位；

（5）处理他人的私密信息；

（6）以其他方式侵害他人的隐私权。

关联规定

《民法典》第一千零一十八条、第一千零二十条、第一千零三十三条、第一千零三十五条；《妇女权益保障法》第八十二条

第三十条　建立健全妇女健康服务体系

国家建立健全妇女健康服务体系，保障妇女享有基本医疗卫生服务，开展妇女常见病、多发病的预防、筛查和诊疗，提高妇女健康水平。

国家采取必要措施，开展经期、孕期、产期、哺乳期和更年期的健康知识普及、卫生保健和疾病防治，保障妇

女特殊生理时期的健康需求，为有需要的妇女提供心理健康服务支持。

第三十一条　为妇女提供保健和健康服务

县级以上地方人民政府应当设立妇幼保健机构，为妇女提供保健以及常见病防治服务。

国家鼓励和支持社会力量通过依法捐赠、资助或者提供志愿服务等方式，参与妇女卫生健康事业，提供安全的生理健康用品或者服务，满足妇女多样化、差异化的健康需求。

用人单位应当定期为女职工安排妇科疾病、乳腺疾病检查以及妇女特殊需要的其他健康检查。

第三十二条　妇女的生育权利和自由

妇女依法享有生育子女的权利，也有不生育子女的自由。

第三十三条　保障妇女生育安全和健康

国家实行婚前、孕前、孕产期和产后保健制度，逐步建立妇女全生育周期系统保健制度。医疗保健机构应当提供安全、有效的医疗保健服务，保障妇女生育安全和健康。

有关部门应当提供安全、有效的避孕药具和技术，保障妇女的健康和安全。

普法问答

1. 婚前保健服务包括哪些内容?

(1) 婚前卫生指导：关于性卫生知识、生育知识和遗传病知识的教育；

(2) 婚前卫生咨询：对有关婚配、生育保健等问题提供医学意见；

(3) 婚前医学检查：对准备结婚的男女双方可能患影响结婚和生育的疾病进行医学检查。

2. 孕产期保健服务包括哪些内容?

(1) 母婴保健指导：对孕育健康后代以及严重遗传性疾病和碘缺乏病等地方病的发病原因、治疗和预防方法提供医学意见；

(2) 孕妇、产妇保健：为孕妇、产妇提供卫生、营养、心理等方面的咨询和指导以及产前定期检查等医疗保健服务；

(3) 胎儿保健：为胎儿生长发育进行监护，提供咨询和医学指导；

(4) 新生儿保健：为新生儿生长发育、哺乳和护理提供医疗保健服务。

关联规定

《母婴保健法》第七条、第十四条；《人口与计划生育法》

第三十四条　配备妇女需要的公共设施

各级人民政府在规划、建设基础设施时，应当考虑妇女的特殊需求，配备满足妇女需要的公共厕所和母婴室等公共设施。

第四章　文化教育权益

第三十五条　文化教育权利男女平等

国家保障妇女享有与男子平等的文化教育权利。

第三十六条　保障适龄女性未成年人接受并完成义务教育

父母或者其他监护人应当履行保障适龄女性未成年人接受并完成义务教育的义务。

对无正当理由不送适龄女性未成年人入学的父母或者其他监护人，由当地乡镇人民政府或者县级人民政府教育行政部门给予批评教育，依法责令其限期改正。居民委员会、村民委员会应当协助政府做好相关工作。

政府、学校应当采取有效措施，解决适龄女性未成年人就学存在的实际困难，并创造条件，保证适龄女性未成年人完成义务教育。

第三十七条　入学、升学、就业等方面男女平等

学校和有关部门应当执行国家有关规定，保障妇女在入学、升学、授予学位、派出留学、就业指导和服务等方面享有与男子平等的权利。

学校在录取学生时，除国家规定的特殊专业外，不得以性别为由拒绝录取女性或者提高对女性的录取标准。

各级人民政府应当采取措施，保障女性平等享有接受中高等教育的权利和机会。

普法问答

1. 受教育者享有哪些权利？

（1）参加教育教学计划安排的各种活动，使用教育教学设施、设备、图书资料；

（2）按照国家有关规定获得奖学金、贷学金、助学金；

（3）在学业成绩和品行上获得公正评价，完成规定的学业后获得相应的学业证书、学位证书；

（4）对学校给予的处分不服，可以向有关部门提出申诉，对学校、教师侵犯其人身权、财产权等合法权益，可以提出申诉或者依法提起诉讼；

（5）法律、法规规定的其他权利。

2. 受教育者应当履行哪些义务？

（1）遵守法律、法规；

（2）遵守学生行为规范，尊敬师长，养成良好的思想品德和行为习惯；

（3）努力学习，完成规定的学习任务；

（4）遵守所在学校或者其他教育机构的管理制度。

3. 应当接受义务教育的适龄儿童是几岁的儿童?

《义务教育法》第十一条规定，凡年满六周岁的儿童，其父母或者其他法定监护人应当送其入学接受并完成义务教育；条件不具备的地区的儿童，可以推迟到七周岁。适龄儿童、少年因身体状况需要延缓入学或者休学的，其父母或者其他法定监护人应当提出申请，由当地乡镇人民政府或者县级人民政府教育行政部门批准。

关联规定

《教育法》第四十三条、第四十四条；《义务教育法》第十一条

第三十八条　开展妇女扫盲工作

各级人民政府应当依照规定把扫除妇女中的文盲、半文盲工作，纳入扫盲和扫盲后继续教育规划，采取符合妇女特点的组织形式和工作方法，组织、监督有关部门具体实施。

普法问答

1. 哪些人应当接受扫盲教育?

《扫除文盲工作条例》第二条规定，凡年满十五周岁以上的文盲、半文盲公民，除丧失学习能力的以外，不分性别、民族、种族，均有接受扫除文盲教育的权利和义务。对丧失学习能力者的鉴定，由县级人民政府教育行政部门组织进行。

2. 个人脱盲和基本扫除文盲单位的标准是什么？

《扫除文盲工作条例》第七条规定，个人脱盲的标准是：农民识一千五百个汉字，企业和事业单位职工、城镇居民识二千个汉字；能够看懂浅显通俗的报刊、文章，能够记简单的帐目，能够书写简单的应用文。用当地民族语言文字扫盲的地方，脱盲标准由省、自治区人民政府根据前述规定制定。

基本扫除文盲单位的标准是：其下属的每个单位一九四九年十月一日以后出生的、年满十五周岁以上人口中的非文盲的人数，除丧失学习能力的以外，在农村达到95%以上，在城镇达到98%以上；复盲率低于5%。基本扫除文盲的单位应当普及初等义务教育。

关联规定

《宪法》第十九条；《扫除文盲工作条例》第二条、第七条

第三十九条　为妇女创造终身学习条件

国家健全全民终身学习体系，为妇女终身学习创造条件。

各级人民政府和有关部门应当采取措施，根据城镇和农村妇女的需要，组织妇女接受职业教育和实用技术培训。

普法问答

国家如何推动公民终身学习？

《教育法》第二十条第三款规定，国家鼓励发展多种形式的继

续教育，使公民接受适当形式的政治、经济、文化、科学、技术、业务等方面的教育，促进不同类型学习成果的互认和衔接，推动全民终身学习。

关联规定

《教育法》；《职业教育法》；《中华人民共和国国民经济和社会发展第十四个五年规划和 2035 年远景目标纲要》

第四十条　保障妇女从事科学、技术等活动

国家机关、社会团体和企业事业单位应当执行国家有关规定，保障妇女从事科学、技术、文学、艺术和其他文化活动，享有与男子平等的权利。

关联规定

《宪法》第四十八条

第五章　劳动和社会保障权益

第四十一条　劳动和社会保障权利男女平等

国家保障妇女享有与男子平等的劳动权利和社会保障权利。

普法问答

1. 宪法如何规定妇女享有与男子平等的劳动权利和社会保障权利？

《宪法》第四十八条规定，中华人民共和国妇女在政治的、经济的、文化的、社会的和家庭的生活等各方面享有同男子平等的权利。国家保护妇女的权利和利益，实行男女同工同酬，培养和选拔妇女干部。

2. 劳动者享有哪些权利？应当履行哪些义务？

《就业促进法》第三条规定，劳动者依法享有平等就业和自主择业的权利。劳动者就业，不因民族、种族、性别、宗教信仰等不同而受歧视。《劳动法》第三条规定，劳动者享有平等就业和选择职业的权利、取得劳动报酬的权利、休息休假的权利、获得劳动安全卫生保护的权利、接受职业技能培训的权利、享受社会保险和福利的权利、提请劳动争议处理的权利以及法律规定的其他劳动权利。劳动者应当完成劳动任务，提高职业技能，执行劳动安全卫生规程，遵守劳动纪律和职业道德。

关联规定

《宪法》第四十八条；《劳动法》；《就业促进法》；《社会保险法》

第四十二条　完善妇女就业保障政策措施

各级人民政府和有关部门应当完善就业保障政策措施，防止和纠正就业性别歧视，为妇女创造公平的就业创业环境，为就业困难的妇女提供必要的扶持和援助。

普法问答

1. 如何防止和纠正就业性别歧视？

《就业促进法》第二十五条规定，各级人民政府创造公平就业的环境，消除就业歧视，制定政策并采取措施对就业困难人员给予扶持和援助。第二十六条规定，用人单位招用人员、职业中介机构从事职业中介活动，应当向劳动者提供平等的就业机会和公平的就业条件，不得实施就业歧视。第二十七条规定，国家保障妇女享有与男子平等的劳动权利。用人单位招用人员，除国家规定的不适合妇女的工种或者岗位外，不得以性别为由拒绝录用妇女或者提高对妇女的录用标准。用人单位录用女职工，不得在劳动合同中规定限制女职工结婚、生育的内容。

2. 如何建立健全就业援助制度？

《就业促进法》第五十二条第一款规定，各级人民政府建立健全就业援助制度，采取税费减免、贷款贴息、社会保险补贴、岗位补贴等办法，通过公益性岗位安置等途径，对就业困难人员实行优先扶持和重点帮助。

3. 什么是就业困难人员？

《就业促进法》第五十二条第二款规定，就业困难人员是指因身体状况、技能水平、家庭因素、失去土地等原因难以实现就业，以及连续失业一定时间仍未能实现就业的人员。就业困难人员的具体范围，由省、自治区、直辖市人民政府根据本行政区域的实际情况规定。

关联规定

《劳动法》；《就业促进法》

第四十三条　用人单位招录（聘）不得性别歧视

用人单位在招录（聘）过程中，除国家另有规定外，不得实施下列行为：

（一）限定为男性或者规定男性优先；

（二）除个人基本信息外，进一步询问或者调查女性求职者的婚育情况；

（三）将妊娠测试作为入职体检项目；

（四）将限制结婚、生育或者婚姻、生育状况作为录（聘）用条件；

（五）其他以性别为由拒绝录（聘）用妇女或者差别化地提高对妇女录（聘）用标准的行为。

普法问答

用人单位在招录（聘）过程中有性别歧视行为的，应当承担什么行政责任？

《妇女权益保障法》第八十三条规定，用人单位违反本法第四十三条和第四十八条规定的，由人力资源和社会保障部门责令改正；拒不改正或者情节严重的，处一万元以上五万元以下罚款。

关联规定

《妇女权益保障法》第八十三条；《劳动法》第十三条

第四十四条　劳动合同或服务协议中的女职工特殊保护条款、集体合同中的女职工权益保护内容

用人单位在录（聘）用女职工时，应当依法与其签订劳动（聘用）合同或者服务协议，劳动（聘用）合同或者服务协议中应当具备女职工特殊保护条款，并不得规定限制女职工结婚、生育等内容。

职工一方与用人单位订立的集体合同中应当包含男女平等和女职工权益保护相关内容，也可以就相关内容制定专章、附件或者单独订立女职工权益保护专项集体合同。

普法问答

1. 集体合同的内容包含哪些方面？

《劳动合同法》第五十一条第一款规定，企业职工一方与用人单位通过平等协商，可以就劳动报酬、工作时间、休息休假、劳动安全卫生、保险福利等事项订立集体合同。集体合同草案应当提交职工代表大会或者全体职工讨论通过。

2. 如何订立集体合同？

《劳动合同法》第五十一条第二款规定，集体合同由工会代表企业职工一方与用人单位订立；尚未建立工会的用人单位，由上级工会指导劳动者推举的代表与用人单位订立。

3. 集体合同从何时起生效？对谁具有约束力？

《劳动合同法》第五十四条规定，集体合同订立后，应当报送劳动行政部门；劳动行政部门自收到集体合同文本之日起十五日内未提出异议的，集体合同即行生效。依法订立的集体合同对用人单位和劳动者具有约束力。行业性、区域性集体合同对当地本行业、本区域的用人单位和劳动者具有约束力。

关联规定

《劳动法》；《劳动合同法》

第四十五条 男女同工同酬

实行男女同工同酬。妇女在享受福利待遇方面享有与男子平等的权利。

关联规定

《宪法》第四十八条；《劳动法》；《劳动合同法》

第四十六条 晋职、晋级、评职称、培训等方面男女平等

在晋职、晋级、评聘专业技术职称和职务、培训等方面，应当坚持男女平等的原则，不得歧视妇女。

普法问答

职称评价标准主要有哪些？

《中共中央办公厅、国务院办公厅关于深化职称制度改革的意见》提出，要完善职称评价标准，主要包括以下几点：

（1）坚持德才兼备、以德为先。坚持把品德放在专业技术人才评价的首位，重点考察专业技术人才的职业道德。

（2）科学分类评价专业技术人才能力素质。以职业属性和岗位需求为基础，分系列修订职称评价标准，实行国家标准、地区标准和单位标准相结合，注重考察专业技术人才的专业性、技术性、实践性、创造性，突出对创新能力的评价。

（3）突出评价专业技术人才的业绩水平和实际贡献。注重考核

专业技术人才履行岗位职责的工作绩效、创新成果，增加技术创新、专利、成果转化、技术推广、标准制定、决策咨询、公共服务等评价指标的权重，将科研成果取得的经济效益和社会效益作为职称评审的重要内容。

关联规定

《劳动法》；《劳动合同法》；《中共中央办公厅、国务院办公厅关于深化职称制度改革的意见》

第四十七条　妇女在工作和劳动时的安全、健康以及休息的权利

用人单位应当根据妇女的特点，依法保护妇女在工作和劳动时的安全、健康以及休息的权利。

妇女在经期、孕期、产期、哺乳期受特殊保护。

普法问答

1. 女职工比较多的用人单位应当为女职工建立哪些设施?

《女职工劳动保护特别规定》第十条规定，女职工比较多的用人单位应当根据女职工的需要，建立女职工卫生室、孕妇休息室、哺乳室等设施，妥善解决女职工在生理卫生、哺乳方面的困难。

2. 对孕期女职工，用人单位应当如何安排劳动时间?

《女职工劳动保护特别规定》第六条规定，女职工在孕期不能适应原劳动的，用人单位应当根据医疗机构的证明，予以减轻劳动

量或者安排其他能够适应的劳动。对怀孕 7 个月以上的女职工，用人单位不得延长劳动时间或者安排夜班劳动，并应当在劳动时间内安排一定的休息时间。怀孕女职工在劳动时间内进行产前检查，所需时间计入劳动时间。

3. 对哺乳期女职工，用人单位应当如何安排劳动时间？

《女职工劳动保护特别规定》第九条规定，对哺乳未满 1 周岁婴儿的女职工，用人单位不得延长劳动时间或者安排夜班劳动。用人单位应当在每天的劳动时间内为哺乳期女职工安排 1 小时哺乳时间；女职工生育多胞胎的，每多哺乳 1 个婴儿，每天增加 1 小时哺乳时间。

4. 用人单位侵犯孕期、哺乳期女职工权益的，应当承担哪些法律责任？

《女职工劳动保护特别规定》第六条第二款规定了怀孕 7 个月以上的女职工的休息权，第七条规定了女职工的产假，第九条第一款规定了哺乳期女职工的权益。第十三条第一款规定，用人单位违反本规定第六条第二款、第七条、第九条第一款规定的，由县级以上人民政府人力资源社会保障行政部门责令限期改正，按照受侵害女职工每人 1000 元以上 5000 元以下的标准计算，处以罚款。

5. 女职工禁忌从事的劳动范围包括哪些？

根据《女职工劳动保护特别规定》，女职工禁忌从事的劳动范围如下：（1）矿山井下作业；（2）体力劳动强度分级标准中规定的第四级体力劳动强度的作业；（3）每小时负重 6 次以上、每次负重超过20公斤的作业，或者间断负重、每次负重超过25公斤的作业。

6. 女职工在经期禁忌从事的劳动范围包括哪些？

根据《女职工劳动保护特别规定》，女职工在经期禁忌从事的劳动范围如下：（1）冷水作业分级标准中规定的第二级、第三级、第四级冷水作业；（2）低温作业分级标准中规定的第二级、第三级、第四级低温作业；（3）体力劳动强度分级标准中规定的第三级、第四级体力劳动强度的作业；（4）高处作业分级标准中规定的第三级、第四级高处作业。

7. 女职工在孕期禁忌从事的劳动范围包括哪些？

根据《女职工劳动保护特别规定》，女职工在孕期禁忌从事的劳动范围如下：（1）作业场所空气中铅及其化合物、汞及其化合物、苯、镉、铍、砷、氰化物、氮氧化物、一氧化碳、二硫化碳、氯、己内酰胺、氯丁二烯、氯乙烯、环氧乙烷、苯胺、甲醛等有毒物质浓度超过国家职业卫生标准的作业；（2）从事抗癌药物、己烯雌酚生产，接触麻醉剂气体等的作业；（3）非密封源放射性物质的操作，核事故与放射事故的应急处置；（4）高处作业分级标准中规定的高处作业；（5）冷水作业分级标准中规定的冷水作业；（6）低温作业分级标准中规定的低温作业；（7）高温作业分级标准中规定的第三级、第四级的作业；（8）噪声作业分级标准中规定的第三级、第四级的作业；（9）体力劳动强度分级标准中规定的第三级、第四级体力劳动强度的作业；（10）在密闭空间、高压室作业或者潜水作业，伴有强烈振动的作业，或者需要频繁弯腰、攀高、下蹲的作业。

8. 女职工在哺乳期禁忌从事的劳动范围包括哪些?

根据《女职工劳动保护特别规定》，女职工在哺乳期禁忌从事的劳动范围如下：(1) 作业场所空气中铅及其化合物、汞及其化合物、苯、镉、铍、砷、氰化物、氮氧化物、一氧化碳、二硫化碳、氯、己内酰胺、氯丁二烯、氯乙烯、环氧乙烷、苯胺、甲醛等有毒物质浓度超过国家职业卫生标准的作业；(2) 非密封源放射性物质的操作，核事故与放射事故的应急处置；(3) 体力劳动强度分级标准中规定的第三级、第四级体力劳动强度的作业；(4) 作业场所空气中锰、氟、溴、甲醇、有机磷化合物、有机氯化合物等有毒物质浓度超过国家职业卫生标准的作业。

9. 用人单位违反女职工禁忌从事的劳动范围规定的，应当承担哪些法律责任?

根据《女职工劳动保护特别规定》第十三条第二款的规定，用人单位违反女职工禁忌从事的劳动范围规定、女职工在经期禁忌从事的劳动范围规定的，由县级以上人民政府安全生产监督管理部门责令限期改正，按照受侵害女职工每人 1000 元以上 5000 元以下的标准计算，处以罚款。用人单位违反女职工在孕期禁忌从事的劳动范围规定、女职工在哺乳期禁忌从事的劳动范围规定的，由县级以上人民政府安全生产监督管理部门责令限期治理，处 5 万元以上 30 万元以下的罚款；情节严重的，责令停止有关作业，或者提请有关人民政府按照国务院规定的权限责令关闭。

关联规定

《劳动法》；《女职工劳动保护特别规定》

第四十八条　不得因女职工结婚、怀孕、产假、哺乳降低工资待遇，限制晋职、晋级等

用人单位不得因结婚、怀孕、产假、哺乳等情形，降低女职工的工资和福利待遇，限制女职工晋职、晋级、评聘专业技术职称和职务，辞退女职工，单方解除劳动（聘用）合同或者服务协议。

女职工怀孕、产假期间劳动合同或服务协议期满的处理

女职工在怀孕以及依法享受产假期间，劳动（聘用）合同或者服务协议期满的，劳动（聘用）合同或者服务协议期限自动延续至产假结束。但是，用人单位依法解除、终止劳动（聘用）合同、服务协议，或者女职工依法要求解除、终止劳动（聘用）合同、服务协议的除外。

执行退休制度禁止性别歧视

用人单位在执行国家退休制度时，不得以性别为由歧视妇女。

普法问答

1. 用人单位因女职工结婚、怀孕、产假、哺乳，降低工资待遇，限制晋职、晋级的，应当承担什么行政责任？

《妇女权益保障法》第八十三条规定，用人单位违反本法第

四十三条和第四十八条规定的，由人力资源和社会保障部门责令改正；拒不改正或者情节严重的，处一万元以上五万元以下罚款。

2. 怀孕女职工不能胜任工作的，用人单位可以解除劳动合同吗？

《劳动法》第二十六条规定，有下列情形之一的，用人单位可以解除劳动合同，但是应当提前三十日以书面形式通知劳动者本人：(1) 劳动者患病或者非因工负伤，医疗期满后，不能从事原工作也不能从事由用人单位另行安排的工作的；(2) 劳动者不能胜任工作，经过培训或者调整工作岗位，仍不能胜任工作的；(3) 劳动合同订立时所依据的客观情况发生重大变化，致使原劳动合同无法履行，经当事人协商不能就变更劳动合同达成协议的。

第二十七条第一款规定，用人单位濒临破产进行法定整顿期间或者生产经营状况发生严重困难，确需裁减人员的，应当提前三十日向工会或者全体职工说明情况，听取工会或者职工的意见，经向劳动行政部门报告后，可以裁减人员。

第二十九条第三项规定，女职工在孕期、产期、哺乳期内的，用人单位不得依据本法第二十六条、第二十七条的规定解除劳动合同。

3. 用人单位侵害女职工合法权益，造成女职工损害的，应当承担哪些法律责任？

《女职工劳动保护特别规定》第十五条规定，用人单位违反本规定，侵害女职工合法权益，造成女职工损害的，依法给予赔偿；

用人单位及其直接负责的主管人员和其他直接责任人员构成犯罪的，依法追究刑事责任。

关联规定

《妇女权益保障法》第八十三条；《劳动法》第二十六条至第二十九条；《女职工劳动保护特别规定》；《公务员法》第八十九条

第四十九条　将性别歧视行为纳入劳动保障监察范围

人力资源和社会保障部门应当将招聘、录取、晋职、晋级、评聘专业技术职称和职务、培训、辞退等过程中的性别歧视行为纳入劳动保障监察范围。

普法问答

用人单位违反劳动法对女职工的保护规定，侵害其合法权益的，应当承担什么行政责任？

《劳动法》第九十五条规定，用人单位违反本法对女职工和未成年工的保护规定，侵害其合法权益的，由劳动行政部门责令改正，处以罚款；对女职工或者未成年工造成损害的，应当承担赔偿责任。

关联规定

《劳动法》第九十五条

第五十条　妇女的社会保障权益

国家发展社会保障事业，保障妇女享有社会保险、社会救助和社会福利等权益。

国家提倡和鼓励为帮助妇女而开展的社会公益活动。

普法问答

1. 社会保险制度包含哪些类型？

《社会保险法》第二条规定，国家建立基本养老保险、基本医疗保险、工伤保险、失业保险、生育保险等社会保险制度，保障公民在年老、疾病、工伤、失业、生育等情况下依法从国家和社会获得物质帮助的权利。

2. 社会救助制度包含哪些类型？

根据《社会救助暂行办法》的规定，我国的社会救助制度包括最低生活保障、特困人员供养、受灾人员救助、医疗救助、教育救助、住房救助、就业救助、临时救助等类型。

关联规定

《社会保险法》；《社会救助暂行办法》

第五十一条　生育保险、生育休假、生育救助

国家实行生育保险制度，建立健全婴幼儿托育服务等与生育相关的其他保障制度。

国家建立健全职工生育休假制度，保障孕产期女职工依法享有休息休假权益。

地方各级人民政府和有关部门应当按照国家有关规定，为符合条件的困难妇女提供必要的生育救助。

普法问答

1. 用人单位必须为职工缴纳生育保险费吗？

《社会保险法》第五十三条规定，职工应当参加生育保险，由用人单位按照国家规定缴纳生育保险费，职工不缴纳生育保险费。第五十四条规定，用人单位已经缴纳生育保险费的，其职工享受生育保险待遇；职工未就业配偶按照国家规定享受生育医疗费用待遇。所需资金从生育保险基金中支付。生育保险待遇包括生育医疗费用和生育津贴。

2. 生育医疗费用包括哪些项目？

《社会保险法》第五十五条规定，生育医疗费用包括下列各项：（1）生育的医疗费用；（2）计划生育的医疗费用；（3）法律、法规规定的其他项目费用。

3. 职工在哪些情形下，可以按照国家规定享受生育津贴？

《社会保险法》第五十六条规定，职工有下列情形之一的，可以按照国家规定享受生育津贴：（1）女职工生育享受产假；（2）享受计划生育手术休假；（3）法律、法规规定的其他情形。生育津贴按照职工所在用人单位上年度职工月平均工资计发。

4. 女职工生育可以享受多久的产假？

《女职工劳动保护特别规定》第七条规定，女职工生育享受九十八天产假，其中产前可以休假十五天；难产的，增加产假十五天；生育多胞胎的，每多生育一个婴儿，增加产假十五天。女职工怀孕未满四个月流产的，享受十五天产假；怀孕满四个月流产的，享受四十二天产假。

不过，上述条文规定的只是产假的最低天数。《人口与计划生育法》第二十五条第一款规定，符合法律、法规规定生育子女的夫妻，可以获得延长生育假的奖励或者其他福利待遇。因此，实践中，全国各地的产假天数并不一致。很多地区发布了人口与计划生育条例及实施细则，对产假作出了进一步的规定。以北京市为例，根据《北京市人口与计划生育条例》第十九条的规定，按规定生育子女的夫妻，女方除享受国家规定的产假外，享受延长生育假六十日，男方享受陪产假十五日。女方经所在机关、企业事业单位、社会团体和其他组织同意，可以再增加一至三个月的产假。

关联规定

《社会保险法》；《女职工劳动保护特别规定》；《人口与计划生育法》

第五十二条　加强困难妇女的权益保障

各级人民政府和有关部门应当采取必要措施，加强贫困妇女、老龄妇女、残疾妇女等困难妇女的权益保障，按照有关规定为其提供生活帮扶、就业创业支持等关爱服务。

普法问答

1. 老年人是指哪些群体?

根据《老年人权益保障法》第二条的规定，老年人是指六十周岁以上的公民。

2. 老年节是什么时候?

《老年人权益保障法》第十二条规定，每年农历九月初九为老年节。

3. 残疾人包括哪些群体?

《残疾人保障法》第二条规定，残疾人是指在心理、生理、人体结构上，某种组织、功能丧失或者不正常，全部或者部分丧失以正常方式从事某种活动能力的人。残疾人包括视力残疾、听力残疾、言语残疾、肢体残疾、智力残疾、精神残疾、多重残疾和其他残疾的人。残疾标准由国务院规定。

4. 促进残疾人就业有哪些途径?

《残疾人保障法》第三十一条至第三十五条规定，残疾人劳动就业，实行集中与分散相结合的方针，采取优惠政策和扶持保护措施，通过多渠道、多层次、多种形式，使残疾人劳动就业逐步普及、稳定、合理。具体途径包括：

（1）政府和社会举办残疾人福利企业、盲人按摩机构和其他福利性单位，集中安排残疾人就业。

（2）国家实行按比例安排残疾人就业制度。国家机关、社会团体、企业事业单位、民办非企业单位应当按照规定的比例安排残疾人就业，并为其选择适当的工种和岗位。达不到规定比例的，按照国家有关规定履行保障残疾人就业义务。国家鼓励用人单位超过规定比例安排残疾人就业。

（3）国家鼓励和扶持残疾人自主择业、自主创业。

（4）地方各级人民政府和农村基层组织，应当组织和扶持农村残疾人从事种植业、养殖业、手工业和其他形式的生产劳动。

关联规定

《社会保险法》；《社会救助暂行办法》；《老年人权益保障法》；《残疾人保障法》

第六章　财 产 权 益

第五十三条　财产权利男女平等

国家保障妇女享有与男子平等的财产权利。

第五十四条　禁止侵害妇女家庭中的财产权益

在夫妻共同财产、家庭共有财产关系中，不得侵害妇女依法享有的权益。

普法问答

1. 什么是夫妻共同财产？

根据《民法典》第一千零六十二条、第一千零六十三条的规定，夫妻在婚姻关系存续期间所得的下列财产，为夫妻的共同财产，归夫妻共同所有：（1）工资、奖金、劳务报酬；（2）生产、经营、投资的收益；（3）知识产权的收益；（4）继承或者受赠的财产，但是遗嘱或者赠与合同中确定只归一方的财产除外；（5）其他应当归共同所有的财产。

根据《最高人民法院关于适用〈中华人民共和国民法典〉婚姻家庭编的解释（一）》第二十五条的规定，前述第五项“其他应当归共同所有的财产”包括下列财产：（1）一方以个人财产投资取得的收益；（2）男女双方实际取得或者应当取得的住房补贴、住房公积金；（3）男女双方实际取得或者应当取得的基本养老金、破产安置补偿费。

2. 夫妻对共同财产有平等的处理权吗？

《民法典》第一千零六十二条第二款规定，夫妻对共同财产，有平等的处理权。

关联规定

《民法典》婚姻家庭编；《最高人民法院关于适用〈中华人民共和国民法典〉婚姻家庭编的解释（一）》

第五十五条　农村集体经济组织中各项权利男女平等

妇女在农村集体经济组织成员身份确认、土地承包经营、集体经济组织收益分配、土地征收补偿安置或者征用补偿以及宅基地使用等方面，享有与男子平等的权利。

申请农村土地承包经营权、宅基地使用权等不动产登记，应当在不动产登记簿和权属证书上将享有权利的妇女等家庭成员全部列明。征收补偿安置或者征用补偿协议应当将享有相关权益的妇女列入，并记载权益内容。

普法问答

1. 在农村土地承包中，妇女与男子是否享有平等的权利？

《农村土地承包法》第六条规定，农村土地承包，妇女与男子享有平等的权利。承包中应当保护妇女的合法权益，任何组织和个人不得剥夺、侵害妇女应当享有的土地承包经营权。

2. 在农村土地承包期内，妇女结婚、离婚的，发包方可以收回其原承包地吗？

《农村土地承包法》第三十一条规定，承包期内，妇女结婚，在新居住地未取得承包地的，发包方不得收回其原承包地；妇女离婚或者丧偶，仍在原居住地生活或者不在原居住地生活但在新居住地未取得承包地的，发包方不得收回其原承包地。

3. 发包方剥夺、侵害妇女依法享有的土地承包经营权的，应当承担什么法律责任？

根据《农村土地承包法》第五十七条第七项的规定，发包方剥夺、侵害妇女依法享有的土地承包经营权的，应当承担停止侵害、排除妨碍、消除危险、返还财产、恢复原状、赔偿损失等民事责任。

关联规定

《农村土地承包法》

第五十六条　保护妇女在农村集体经济组织中的权益

村民自治章程、村规民约，村民会议、村民代表会议的决定以及其他涉及村民利益事项的决定，不得以妇女未婚、结婚、离婚、丧偶、户无男性等为由，侵害妇女在农村集体经济组织中的各项权益。

因结婚男方到女方住所落户的，男方和子女享有与所在地农村集体经济组织成员平等的权益。

普法问答

1. 农村村民通过什么组织形式实行自治？

《村民委员会组织法》第二条规定，村民委员会是村民自我管理、自我教育、自我服务的基层群众性自治组织，实行民主选举、民主决策、民主管理、民主监督。村民委员会办理本村的公共事务和公益事业，调解民间纠纷，协助维护社会治安，向人民政府反映村民的意见、要求和提出建议。村民委员会向村民会议、村民代表会议负责并报告工作。

2. 村民委员会如何促进农村生产建设和经济发展？

《村民委员会组织法》第八条规定，村民委员会应当支持和组织村民依法发展各种形式的合作经济和其他经济，承担本村生产的服务和协调工作，促进农村生产建设和经济发展。

村民委员会依照法律规定，管理本村属于村农民集体所有的土地和其他财产，引导村民合理利用自然资源，保护和改善生态环境。

村民委员会应当尊重并支持集体经济组织依法独立进行经济活动的自主权，维护以家庭承包经营为基础、统分结合的双层经营体制，保障集体经济组织和村民、承包经营户、联户或者合伙的合法财产权和其他合法权益。

3. 涉及村民利益的哪些事项，必须经村民会议讨论决定才能办理？

根据《村民委员会组织法》第二十四条的规定，涉及村民利益的下列事项，经村民会议讨论决定方可办理：

（1）本村享受误工补贴的人员及补贴标准；

（2）从村集体经济所得收益的使用；

（3）本村公益事业的兴办和筹资筹劳方案及建设承包方案；

（4）土地承包经营方案；

（5）村集体经济项目的立项、承包方案；

（6）宅基地的使用方案；

（7）征地补偿费的使用、分配方案；

（8）以借贷、租赁或者其他方式处分村集体财产；

（9）村民会议认为应当由村民会议讨论决定的涉及村民利益的其他事项。

村民会议可以授权村民代表会议讨论决定前述规定的事项。

关联规定

《村民委员会组织法》

第五十七条　保护妇女在城镇集体所有财产关系中的权益

国家保护妇女在城镇集体所有财产关系中的权益。妇女依照法律、法规的规定享有相关权益。

普法问答

什么是城镇集体所有制企业?

根据《城镇集体所有制企业条例》第四条的规定，城镇集体所有制企业，是指财产属于劳动群众集体所有、实行共同劳动、在分配方式上以按劳分配为主体的社会主义经济组织。这里的“劳动群众集体所有”，应当符合下列任一项的规定：(1) 本集体企业的劳动群众集体所有；(2) 集体企业的联合经济组织范围内的劳动群众集体所有；(3) 投资主体为两个或者两个以上的集体企业，其中，本集体企业的劳动群众集体所有和集体企业的联合经济组织范围内的劳动群众集体所有的财产应当占主导地位。

关联规定

《城镇集体所有制企业条例》

第五十八条　继承权男女平等

妇女享有与男子平等的继承权。妇女依法行使继承权，不受歧视。

丧偶妇女有权依法处分继承的财产，任何组织和个人不得干涉。

普法问答

1. 法定继承、遗嘱继承、遗赠扶养协议的效力优先顺序是怎样的?

《民法典》第一千一百二十三条规定，继承开始后，按照法定继承办理；有遗嘱的，按照遗嘱继承或者遗赠办理；有遗赠扶养协议的，按照协议办理。

2. 法定继承的顺序是怎样的?

根据《民法典》第一千一百二十六条、第一千一百二十七条、第一千一百二十九条的规定，继承权男女平等。遗产按照下列顺序继承：(1) 第一顺序：配偶、子女、父母；(2) 第二顺序：兄弟姐妹、祖父母、外祖父母。继承开始后，由第一顺序继承人继承，第二顺序继承人不继承；没有第一顺序继承人继承的，由第二顺序继承人继承。

其中，子女，包括婚生子女、非婚生子女、养子女和有扶养关系的继子女。父母，包括生父母、养父母和有扶养关系的继父母。兄弟姐妹，包括同父母的兄弟姐妹、同父异母或者同母异父的兄弟姐妹、养兄弟姐妹、有扶养关系的继兄弟姐妹。

丧偶儿媳对公婆，丧偶女婿对岳父母，尽了主要赡养义务的，作为第一顺序继承人。

关联规定

《民法典》继承编；《最高人民法院关于适用〈中华人民共和国民法典〉继承编的解释（一）》

第五十九条　丧偶儿媳的继承权

丧偶儿媳对公婆尽了主要赡养义务的，作为第一顺序继承人，其继承权不受子女代位继承的影响。

普法问答

1. 什么是代位继承？

《民法典》第一千一百二十八条规定，被继承人的子女先于被继承人死亡的，由被继承人的子女的直系晚辈血亲代位继承。被继承人的兄弟姐妹先于被继承人死亡的，由被继承人的兄弟姐妹的子女代位继承。代位继承人一般只能继承被代位继承人有权继承的遗产份额。

2. 外孙子女、外曾孙子女可以代位继承吗？

《最高人民法院关于适用〈中华人民共和国民法典〉继承编的解释（一）》第十四条规定，被继承人的孙子女、外孙子女、曾孙子女、外曾孙子女都可以代位继承，代位继承人不受辈数的限制。

3. 丧偶儿媳再婚后，还能继承原公婆的遗产吗？其子女能代位继承吗？

《最高人民法院关于适用〈中华人民共和国民法典〉继承编的解释（一）》第十八条规定，丧偶儿媳对公婆、丧偶女婿对岳父母，无论其是否再婚，依照《民法典》第一千一百二十九条规定作为第一顺序继承人时，不影响其子女代位继承。

关联规定

《民法典》继承编；《最高人民法院关于适用〈中华人民共和国民法典〉继承编的解释（一）》

第七章　婚姻家庭权益

第六十条　婚姻家庭权利男女平等

国家保障妇女享有与男子平等的婚姻家庭权利。

普法问答

我国的婚姻家庭制度如何体现男女平等？

根据《民法典》第一千零四十一条第二款的规定，我国实行婚姻自由、一夫一妻、男女平等的婚姻制度。第一千零四十三条第二款规定，夫妻应当互相忠实，互相尊重，互相关爱；家庭成员应当敬老爱幼，互相帮助，维护平等、和睦、文明的婚姻家庭关系。第一千零五十五条规定，夫妻在婚姻家庭中地位平等。第一千零五十八条规定，夫妻双方平等享有对未成年子女抚养、教育和保护的权利，共同承担对未成年子女抚养、教育和保护的义务。第一千零六十二条第二款规定，夫妻对共同财产，有平等的处理权。第一千一百二十六条规定，继承权男女平等。

关联规定

《宪法》第四十八条；《民法典》第一千零四十一条、第一千零四十三条、第一千零五十五条、第一千零五十八条、第一千零六十二条、第一千一百二十六条

第六十一条　妇女的婚姻自主权

国家保护妇女的婚姻自主权。禁止干涉妇女的结婚、离婚自由。

普法问答

我国的婚姻家庭制度如何保障婚姻自由？

《民法典》第一千零四十二条第一款规定，禁止包办、买卖婚姻和其他干涉婚姻自由的行为。第一千零四十六条规定，结婚应当男女双方完全自愿，禁止任何一方对另一方加以强迫，禁止任何组织或者个人加以干涉。第一千零五十二条规定，因胁迫结婚的，受胁迫的一方可以向人民法院请求撤销婚姻。请求撤销婚姻的，应当自胁迫行为终止之日起一年内提出。被非法限制人身自由的当事人请求撤销婚姻的，应当自恢复人身自由之日起一年内提出。第一千零六十九条规定，子女应当尊重父母的婚姻权利，不得干涉父母离婚、再婚以及婚后的生活。子女对父母的赡养义务，不因父母的婚姻关系变化而终止。

关联规定

《宪法》第四十九条；《民法典》第一千零四十二条、第一千零四十六条、第一千零五十二条、第一千零六十九条

第六十二条　婚前体检

国家鼓励男女双方在结婚登记前，共同进行医学检查或者相关健康体检。

普法问答

1. 婚前体检包括对哪些疾病的检查？

《母婴保健法》第八条规定，婚前医学检查包括对下列疾病的检查：(1) 严重遗传性疾病；(2) 指定传染病；(3) 有关精神病。经婚前医学检查，医疗保健机构应当出具婚前医学检查证明。第三十八条规定，指定传染病，是指《传染病防治法》中规定的艾滋病、淋病、梅毒、麻风病以及医学上认为影响结婚和生育的其他传染病。严重遗传性疾病，是指由于遗传因素先天形成，患者全部或者部分丧失自主生活能力，后代再现风险高，医学上认为不宜生育的遗传性疾病。有关精神病，是指精神分裂症、躁狂抑郁型精神病以及其他重型精神病。

2. 对婚前体检中发现患有严重遗传性疾病、指定传染病、有关精神病的应如何处理？

《母婴保健法》第九条及第十条规定，经婚前医学检查，对患指定传染病在传染期内或者有关精神病在发病期内的，医师应当提出医学意见；准备结婚的男女双方应当暂缓结婚。对被诊断患医学上认为不宜生育的严重遗传性疾病的，医师应当向男女双方说明情况，提出医学意见；经男女双方同意，采取长效避孕措施或者施行结扎手术后不生育的，可以结婚。

关联规定

《母婴保健法》第八条至第十条、第三十八条；《母婴保健法实施办法》；《传染病防治法》

第六十三条　婚姻家庭辅导服务

婚姻登记机关应当提供婚姻家庭辅导服务，引导当事人建立平等、和睦、文明的婚姻家庭关系。

普法问答

如何开展家庭辅导服务？

根据民政部印发的《婚姻登记工作规范》第二十一条的规定，婚姻登记处可以设立婚姻家庭辅导室，通过政府购买服务或公开招募志愿者等方式聘用婚姻家庭辅导员，并在坚持群众自愿的前提下，开展婚姻家庭辅导服务。婚姻家庭辅导员应当具备以下资格之一：（1）社会工作师；（2）心理咨询师；（3）律师；（4）其他相应专业资格。

关联规定

《婚姻登记工作规范》第二十一条

第六十四条　男方提出离婚的限制与除外情形

女方在怀孕期间、分娩后一年内或者终止妊娠后六个月内，男方不得提出离婚；但是，女方提出离婚或者人民法院认为确有必要受理男方离婚请求的除外。

关联规定

《民法典》第一千零八十二条

第六十五条　禁止家庭暴力及对受害妇女的救助

禁止对妇女实施家庭暴力。

县级以上人民政府有关部门、司法机关、社会团体、企业事业单位、基层群众性自治组织以及其他组织，应当在各自的职责范围内预防和制止家庭暴力，依法为受害妇女提供救助。

普法问答

1. 什么是家庭暴力？

根据《反家庭暴力法》第二条的规定，家庭暴力，是指家庭成员之间以殴打、捆绑、残害、限制人身自由以及经常性谩骂、恐吓等方式实施的身体、精神等侵害行为。

2. 因家庭暴力起诉离婚的，会有什么后果？

《民法典》第一千零七十九条规定，人民法院审理离婚案件，有实施家庭暴力或者虐待、遗弃家庭成员的情形的，经调解无效，应当准予离婚。第一千零九十一条规定，因实施家庭暴力导致离婚的，无过错方有权请求损害赔偿。

3. 什么情形下可以申请人身安全保护令？

《反家庭暴力法》第二十三条规定，当事人因遭受家庭暴力或者面临家庭暴力的现实危险，向人民法院申请人身安全保护令的，人民法院应当受理。当事人是无民事行为能力人、限制民事行为能力人，或者因受到强制、威吓等原因无法申请人身安全保护令的，其近亲属、公安机关、妇女联合会、居民委员会、村民委员会、救助管理机构可以代为申请。

4. 实施家庭暴力会受到什么处罚？

《反家庭暴力法》第三十三条及第三十四条规定，加害人实施家庭暴力，构成违反治安管理行为的，依法给予治安管理处罚；构成犯罪的，依法追究刑事责任。被申请人违反人身安全保护令，构成犯罪的，依法追究刑事责任；尚不构成犯罪的，人民法院应当给予训诫，可以根据情节轻重处以一千元以下罚款、十五日以下拘留。

根据《最高人民法院关于适用〈中华人民共和国民法典〉婚姻家庭编的解释（一）》第一条的规定，持续性、经常性的家庭暴力，可以认定为“虐待”。《刑法》第二百六十条规定，虐待家庭成员，情节恶劣的，处二年以下有期徒刑、拘役或者管制。致使被害人重伤、死亡的，处二年以上七年以下有期徒刑。

关联规定

《反家庭暴力法》；《民法典》第一千零七十九条、第一千零九十一条；《最高人民法院关于适用〈中华人民共和国民法典〉婚姻家庭编的解释（一）》第一条；《刑法》第二百六十条

第六十六条　夫妻共同财产平等处理权及财产联名登记

妇女对夫妻共同财产享有与其配偶平等的占有、使用、收益和处分的权利，不受双方收入状况等情形的影响。

对夫妻共同所有的不动产以及可以联名登记的动产，女方有权要求在权属证书上记载其姓名；认为记载的权利人、标的物、权利比例等事项有错误的，有权依法申请更正登记或者异议登记，有关机构应当按照其申请依法办理相应登记手续。

普法问答

1. 哪些财产属于夫妻共同财产？

《民法典》第一千零六十二条规定，夫妻在婚姻关系存续期间所得的下列财产，为夫妻的共同财产，归夫妻共同所有：（1）工资、奖金、劳务报酬；（2）生产、经营、投资的收益；（3）知识产权的收益；（4）继承或者受赠的财产，但是本法第一千零六十三条第三项规定的除外；（5）其他应当归共同所有的财产。夫妻对共同财产，有平等的处理权。

根据《最高人民法院关于适用〈中华人民共和国民法典〉婚姻家庭编的解释（一）》第二十四条至第二十七条的规定，“知识产权的收益”，是指婚姻关系存续期间，实际取得或者已经明确可以取得的财产性收益。“其他应当归共同所有的财产”，是指一方以个人财产投资取得的收益；男女双方实际取得或者应当取得的住房补贴、住房公积金；男女双方实际取得或者应当取得的基本养老金、破产安置补偿费。

此外，夫妻一方个人财产在婚后产生的收益，除孳息和自然增值外，应认定为夫妻共同财产。由一方婚前承租、婚后用共同财产购买的房屋，登记在一方名下的，应当认定为夫妻共同财产。

2. 一方未经另一方同意可以出售夫妻共同所有的房屋吗？

根据《最高人民法院关于适用〈中华人民共和国民法典〉婚姻家庭编的解释（一）》第二十八条的规定，一方未经另一方同意出售夫妻共同所有的房屋，第三人善意购买、支付合理对价并已办理不动产登记，另一方主张追回该房屋的，人民法院不予支持。夫妻一方擅自处分共同所有的房屋造成另一方损失，离婚时另一方请求赔偿损失的，人民法院应予支持。

关联规定

《民法典》第一千零六十二条、第一千零八十七条；《最高人民法院关于适用〈中华人民共和国民法典〉婚姻家庭编的解释（一）》第二十四条至第二十八条

第六十七条　离婚时财产状况查询及夫妻共同财产申报

离婚诉讼期间，夫妻一方申请查询登记在对方名下财产状况且确因客观原因不能自行收集的，人民法院应当进行调查取证，有关部门和单位应当予以协助。

离婚诉讼期间，夫妻双方均有向人民法院申报全部夫

妻共同财产的义务。一方隐藏、转移、变卖、损毁、挥霍夫妻共同财产，或者伪造夫妻共同债务企图侵占另一方财产的，在离婚分割夫妻共同财产时，对该方可以少分或者不分财产。

普法问答

1. 在婚姻关系存续期间，什么情形下可以申请分割夫妻共同财产？

《民法典》第一千零六十六条规定，婚姻关系存续期间，有下列情形之一的，夫妻一方可以向人民法院请求分割共同财产：（1）一方有隐藏、转移、变卖、毁损、挥霍夫妻共同财产或者伪造夫妻共同债务等严重损害夫妻共同财产利益的行为；（2）一方负有法定扶养义务的人患重大疾病需要医治，另一方不同意支付相关医疗费用。

2. 离婚后才发现对方隐藏、转移、变卖、损毁、挥霍夫妻共同财产，或者伪造夫妻共同债务企图侵占自己财产的，该如何处理？

《民法典》第一千零九十二条规定，夫妻一方隐藏、转移、变卖、毁损、挥霍夫妻共同财产，或者伪造夫妻共同债务企图侵占另一方财产的，在离婚分割夫妻共同财产时，对该方可以少分或者不分。离婚后，另一方发现有上述行为的，可以向人民法院提起诉讼，请求再次分割夫妻共同财产。

关联规定

《民法典》第一千零六十六条、第一千零九十二条

第六十八条　离婚时女方的家务经济补偿请求权

夫妻双方应当共同负担家庭义务，共同照顾家庭生活。

女方因抚育子女、照料老人、协助男方工作等负担较多义务的，有权在离婚时要求男方予以补偿。补偿办法由双方协议确定；协议不成的，可以向人民法院提起诉讼。

关联规定

《民法典》第一千零八十八条

第六十九条　离婚时共有房屋或共同租住房屋的分割规则

离婚时，分割夫妻共有的房屋或者处理夫妻共同租住的房屋，由双方协议解决；协议不成的，可以向人民法院提起诉讼。

普法问答

1. 一方婚前支付首付款购买房屋并登记在自己名下，婚后用夫妻共同财产还贷，离婚时如何处分该房屋？

《最高人民法院关于适用〈中华人民共和国民法典〉婚姻家庭

编的解释（一）》第七十八条规定，夫妻一方婚前签订不动产买卖合同，以个人财产支付首付款并在银行贷款，婚后用夫妻共同财产还贷，不动产登记于首付款支付方名下的，离婚时该不动产由双方协议处理。依上述规定不能达成协议的，人民法院可以判决该不动产归登记一方，尚未归还的贷款为不动产登记一方的个人债务。双方婚后共同还贷支付的款项及其相对应财产增值部分，离婚时应根据《民法典》第一千零八十七条第一款规定的原则，由不动产登记一方对另一方进行补偿。

2. 离婚时，双方对房屋的归属无法达成一致，法院会如何处理？

《最高人民法院关于适用〈中华人民共和国民法典〉婚姻家庭编的解释（一）》第七十六条规定，双方对夫妻共同财产中的房屋价值及归属无法达成协议时，人民法院按以下情形分别处理：（1）双方均主张房屋所有权并且同意竞价取得的，应当准许；（2）一方主张房屋所有权的，由评估机构按市场价格对房屋作出评估，取得房屋所有权的一方应当给予另一方相应的补偿；（3）双方均不主张房屋所有权的，根据当事人的申请拍卖、变卖房屋，就所得价款进行分割。

关联规定

《最高人民法院关于适用〈中华人民共和国民法典〉婚姻家庭编的解释（一）》第七十六条至第七十九条

第七十条　母亲监护权的排他保护

父母双方对未成年子女享有平等的监护权。

父亲死亡、无监护能力或者有其他情形不能担任未成年子女的监护人的，母亲的监护权任何组织和个人不得干涉。

普法问答

1. 未成年人的父母没有监护能力的，由谁担任监护人？

根据《民法典》第二十七条第二款的规定，未成年人的父母已经死亡或者没有监护能力的，由下列有监护能力的人按顺序担任监护人：（1）祖父母、外祖父母；（2）兄、姐；（3）其他愿意担任监护人的个人或者组织，但是须经未成年人住所地的居民委员会、村民委员会或者民政部门同意。

2. 对未成年人的监护人的确定有争议，应如何处理？

根据《民法典》第三十一条的规定，对监护人的确定有争议的，由被监护人住所地的居民委员会、村民委员会或者民政部门指定监护人，有关当事人对指定不服的，可以向人民法院申请指定监护人；有关当事人也可以直接向人民法院申请指定监护人。

居民委员会、村民委员会、民政部门或者人民法院应当尊重被监护人的真实意愿，按照最有利于被监护人的原则在依法具有监护资格的人中指定监护人。

在指定监护人前，被监护人的人身权利、财产权利以及其他合法权益处于无人保护状态的，由被监护人住所地的居民委员会、村民委员会、法律规定的有关组织或者民政部门担任临时监护人。

监护人被指定后，不得擅自变更；擅自变更的，不免除被指定的监护人的责任。

3. 什么情况下可以撤销监护人资格？

《民法典》第三十六条规定，监护人有下列情形之一的，人民法院根据有关个人或者组织的申请，撤销其监护人资格，安排必要的临时监护措施，并按照最有利于被监护人的原则依法指定监护人：（1）实施严重损害被监护人身心健康的行为；（2）怠于履行监护职责，或者无法履行监护职责且拒绝将监护职责部分或者全部委托给他人，导致被监护人处于危困状态；（3）实施严重侵害被监护人合法权益的其他行为。

有关个人、组织包括：其他依法具有监护资格的人，居民委员会、村民委员会、学校、医疗机构、妇女联合会、残疾人联合会、未成年人保护组织、依法设立的老年人组织、民政部门等。个人和民政部门以外的组织未及时向人民法院申请撤销监护人资格的，民政部门应当向人民法院申请。

关联规定

《民法典》第二十六条、第二十七条，第二十九条至第三十二条，第三十四条至第三十九条

第七十一条　女方优先抚养子女的情形

女方丧失生育能力的，在离婚处理子女抚养问题时，应当在最有利于未成年子女的条件下，优先考虑女方的抚养要求。

普法问答

1. 确定子女抚养权归属的一般原则是什么？

根据《民法典》第一千零八十四条第三款的规定，离婚后，不满两周岁的子女，以由母亲直接抚养为原则。已满两周岁的子女，父母双方对抚养问题协议不成的，由人民法院根据双方的具体情况，按照最有利于未成年子女的原则判决。子女已满八周岁的，应当尊重其真实意愿。

2. 什么情况下，法院会支持由父亲直接抚养子女？

《最高人民法院关于适用〈中华人民共和国民法典〉婚姻家庭编的解释（一）》第四十四条规定，离婚时，母亲有下列情形之一，父亲请求直接抚养的，人民法院应予支持：（1）患有久治不愈的传染性疾病或者其他严重疾病，子女不宜与其共同生活；（2）有抚养条件不尽抚养义务，而父亲要求子女随其生活；（3）因其他原因，子女确不宜随母亲生活。

3. 什么情况下，法院会优先考虑将子女判决给一方抚养？

根据《最高人民法院关于适用〈中华人民共和国民法典〉婚姻家庭编的解释（一）》第四十六条、第四十七条的规定，对已满两周岁的未成年子女，父母均要求直接抚养，一方有下列情形之一的，可予优先考虑：（1）已做绝育手术或者因其他原因丧失生育能力；（2）子女随其生活时间较长，改变生活环境对子女健康成长明显不利；（3）无其他子女，而另一方有其他子女；（4）子女随其生活，对子女成长有利，而另一方患有久治不愈的传染性疾病或者其他严重疾病，或者有其他不利于子女身心健康的情形，不宜与子女共同生活。

此外，父母抚养子女的条件基本相同，双方均要求直接抚养子女，但子女单独随祖父母或者外祖父母共同生活多年，且祖父母或者外祖父母要求并且有能力帮助子女照顾孙子女或者外孙子女的，可以作为父或者母直接抚养子女的优先条件予以考虑。

关联规定

《民法典》第一千零八十四条至第一千零八十六条；《最高人民法院关于适用〈中华人民共和国民法典〉婚姻家庭编的解释（一）》第四十二条至第六十一条

第八章　救济措施

第七十二条　妇女合法权益被侵害的救济途径

对侵害妇女合法权益的行为，任何组织和个人都有权予以劝阻、制止或者向有关部门提出控告或者检举。有关部门接到控告或者检举后，应当依法及时处理，并为控告人、检举人保密。

妇女的合法权益受到侵害的，有权要求有关部门依法处理，或者依法申请调解、仲裁，或者向人民法院起诉。

对符合条件的妇女，当地法律援助机构或者司法机关应当给予帮助，依法为其提供法律援助或者司法救助。

普法问答

1. 遭受家庭暴力时，可以向哪些部门求助？

《反家庭暴力法》第十三条规定，家庭暴力受害人及其法定代理人、近亲属可以向加害人或者受害人所在单位、居民委员会、村民委员会、妇女联合会等单位投诉、反映或者求助。有关单位接到家庭暴力投诉、反映或者求助后，应当给予帮助、处理。家庭暴力受害人及其法定代理人、近亲属也可以向公安机关报案或者依法向人民法院起诉。

2. 法律援助机构可以提供哪些方面的服务?

根据《法律援助法》第二十二条的规定，法律援助机构可以组织法律援助人员依法提供下列形式的法律援助服务：(1) 法律咨询；(2) 代拟法律文书；(3) 刑事辩护与代理；(4) 民事案件、行政案件、国家赔偿案件的诉讼代理及非诉讼代理；(5) 值班律师法律帮助；(6) 劳动争议调解与仲裁代理；(7) 法律、法规、规章规定的其他形式。

3. 什么情形下可以申请法律援助?

根据《法律援助法》第三十一条的规定，下列事项的当事人，因经济困难没有委托代理人的，可以向法律援助机构申请法律援助：(1) 依法请求国家赔偿；(2) 请求给予社会保险待遇或者社会救助；(3) 请求发给抚恤金；(4) 请求给付赡养费、抚养费、扶养费；(5) 请求确认劳动关系或者支付劳动报酬；(6) 请求认定公民无民事行为能力或者限制民事行为能力；(7) 请求工伤事故、交通事故、食品药品安全事故、医疗事故人身损害赔偿；(8) 请求环境污染、生态破坏损害赔偿；(9) 法律、法规、规章规定的其他情形。

关联规定

《反家庭暴力法》第三章、第四章；《法律援助法》；《妇女权益保障法》第二十五条、第六十八条

第七十三条　妇女联合会维护妇女合法权益的职能

妇女的合法权益受到侵害的，可以向妇女联合会等妇女组织求助。妇女联合会等妇女组织应当维护被侵害妇女的合法权益，有权要求并协助有关部门或者单位查处。有关部门或者单位应当依法查处，并予以答复；不予处理或者处理不当的，县级以上人民政府负责妇女儿童工作的机构、妇女联合会可以向其提出督促处理意见，必要时可以提请同级人民政府开展督查。

受害妇女进行诉讼需要帮助的，妇女联合会应当给予支持和帮助。

关联规定

《妇女权益保障法》第六条、第八条、第十六条、第七十四条

第七十四条　用人单位侵害妇女权益的后果

用人单位侵害妇女劳动和社会保障权益的，人力资源和社会保障部门可以联合工会、妇女联合会约谈用人单位，依法进行监督并要求其限期纠正。

普法问答

1. 女职工在劳动中享有哪些特殊保护？

根据《劳动法》第五十九条至第六十三条的规定，用人单位禁

止安排女职工从事矿山井下、国家规定的第四级体力劳动强度的劳动和其他禁忌从事的劳动；不得安排女职工在经期从事高处、低温、冷水作业和国家规定的第三级体力劳动强度的劳动；不得安排女职工在怀孕期间从事国家规定的第三级体力劳动强度的劳动和孕期禁忌从事的活动，对怀孕七个月以上的女职工，不得安排其延长工作时间和夜班劳动；不得安排女职工在哺乳未满一周岁的婴儿期间从事国家规定的第三级体力劳动强度的劳动和哺乳期禁忌从事的其他劳动，不得安排其延长工作时间和夜班劳动。女职工生育享受不少于九十天的产假。

2. 劳动者在什么情况下享受社会保险待遇？

根据《劳动法》第七十三条的规定，劳动者在下列情形下，依法享受社会保险待遇：（1）退休；（2）患病、负伤；（3）因工伤残或者患职业病；（4）失业；（5）生育。劳动者死亡后，其遗属依法享受遗属津贴。劳动者享受社会保险待遇的条件和标准由法律、法规规定。劳动者享受的社会保险金必须按时足额支付。

关联规定

《劳动法》第五十八条至第六十三条，第七十三条

第七十五条　妇女农村经济组织成员身份确认等权益受到侵害的救济

妇女在农村集体经济组织成员身份确认等方面权益受到侵害的，可以申请乡镇人民政府等进行协调，或者向人民法院起诉。

乡镇人民政府应当对村民自治章程、村规民约，村民会议、村民代表会议的决定以及其他涉及村民利益事项的决定进行指导，对其中违反法律、法规和国家政策规定，侵害妇女合法权益的内容责令改正；受侵害妇女向农村土地承包仲裁机构申请仲裁或者向人民法院起诉的，农村土地承包仲裁机构或者人民法院应当依法受理。

普法问答

1. 妇女结婚、离婚或者丧偶的，发包方可以收回承包地吗？

根据《农村土地承包法》第六条的规定，农村土地承包，妇女与男子享有平等的权利。承包中应当保护妇女的合法权益，任何组织和个人不得剥夺、侵害妇女应当享有的土地承包经营权。第三十一条规定，承包期内，妇女结婚，在新居住地未取得承包地的，发包方不得收回其原承包地；妇女离婚或者丧偶，仍在原居住地生活或者不在原居住地生活但在新居住地未取得承包地的，发包方不得收回其原承包地。

2. 发包方向农村土地承包仲裁机构申请仲裁，受侵害妇女向法院起诉的，法院会受理吗？

根据《最高人民法院关于审理涉及农村土地承包纠纷案件适用法律问题的解释》第二条第二款、第三款的规定，当事人未达成书面仲裁协议，一方当事人向农村土地承包仲裁机构申请仲裁，另一方当事人提起诉讼的，人民法院应予受理，并书面通知仲裁机构。

但另一方当事人接受仲裁管辖后又起诉的，人民法院不予受理。当事人对仲裁裁决不服并在收到裁决书之日起三十日内提起诉讼的，人民法院应予受理。

关联规定

《农村土地承包法》第六条、第三十一条；《仲裁法》；《最高人民法院关于审理涉及农村土地承包纠纷案件适用法律问题的解释》

第七十六条　妇女权益保护服务热线

县级以上人民政府应当开通全国统一的妇女权益保护服务热线，及时受理、移送有关侵害妇女合法权益的投诉、举报；有关部门或者单位接到投诉、举报后，应当及时予以处置。

鼓励和支持群团组织、企业事业单位、社会组织和个人参与建设妇女权益保护服务热线，提供妇女权益保护方面的咨询、帮助。

第七十七条　侵害妇女权益，检察机关发出检察建议或提起公益诉讼的情形

侵害妇女合法权益，导致社会公共利益受损的，检察机关可以发出检察建议；有下列情形之一的，检察机关可以依法提起公益诉讼：

（一）确认农村妇女集体经济组织成员身份时侵害妇女权益或者侵害妇女享有的农村土地承包和集体收益、土地

征收征用补偿分配权益和宅基地使用权益；

（二）侵害妇女平等就业权益；

（三）相关单位未采取合理措施预防和制止性骚扰；

（四）通过大众传播媒介或者其他方式贬低损害妇女人格；

（五）其他严重侵害妇女权益的情形。

普法问答

公益诉讼案件的线索来源是什么？

《人民检察院公益诉讼办案规则》第二十四条规定，公益诉讼案件线索的来源包括：（1）自然人、法人和非法人组织向人民检察院控告、举报的；（2）人民检察院在办案中发现的；（3）行政执法信息共享平台上发现的；（4）国家机关、社会团体和人大代表、政协委员等转交的；（5）新闻媒体、社会舆论等反映的；（6）其他在履行职责中发现的。

关联规定

《民法典》人格权编、侵权责任编；《劳动法》第五十八条至第六十三条，第七十三条；《农村土地承包法》第六条、第三十一条；《人民检察院公益诉讼办案规则》第二十四条

第七十八条　国家机关、社会团体、企业事业单位支持受害妇女起诉

国家机关、社会团体、企业事业单位对侵害妇女权益的行为，可以支持受侵害的妇女向人民法院起诉。

关联规定

《妇女权益保障法》第四条、第二十三条、第八十四条

第九章　法律责任

第七十九条　未报告拐卖、绑架妇女情况的处分

违反本法第二十二条第二款规定，未履行报告义务的，依法对直接负责的主管人员和其他直接责任人员给予处分。

关联规定

《妇女权益保障法》第二十二条

第八十条　对妇女性骚扰以及未采取措施预防和制止性骚扰的处分

违反本法规定，对妇女实施性骚扰的，由公安机关给予批评教育或者出具告诫书，并由所在单位依法给予处分。

学校、用人单位违反本法规定，未采取必要措施预防和制止性骚扰，造成妇女权益受到侵害或者社会影响恶劣的，由上级机关或者主管部门责令改正；拒不改正或者情节严重的，依法对直接负责的主管人员和其他直接责任人员给予处分。

普法问答

强制猥亵妇女的，会受到什么刑事处罚？

根据《刑法》第二百三十七条第一款、第二款的规定，以暴力、胁迫或者其他方法强制猥亵或者侮辱妇女的，处五年以下有期徒刑或者拘役。聚众或者在公共场所当众以暴力、胁迫或者其他方法强制猥亵或者侮辱妇女，或者有其他恶劣情节的，处五年以上有期徒刑。

关联规定

《妇女权益保障法》第二十三条至第二十五条；《民法典》第一千零一十条；《刑法》第二百三十七条

第八十一条　未报告侵害妇女权益违法犯罪行为的处罚

违反本法第二十六条规定，未履行报告等义务的，依法给予警告、责令停业整顿或者吊销营业执照、吊销相关许可证，并处一万元以上五万元以下罚款。

普法问答

住宿经营者未按规定登记住宿人员信息的，将受到怎样的治安管理处罚？

《治安管理处罚法》第五十六条规定，旅馆业的工作人员对住宿的旅客不按规定登记姓名、身份证件种类和号码的，或者明知住宿的旅客将危险物质带入旅馆，不予制止的，处二百元以上五百元以下罚款。旅馆业的工作人员明知住宿的旅客是犯罪嫌疑人员或者被公安机关通缉的人员，不向公安机关报告的，处二百元以上五百元以下罚款；情节严重的，处五日以下拘留，可以并处五百元以下罚款。

关联规定

《妇女权益保障法》第二十六条；《治安管理处罚法》第五十六条

第八十二条　贬低损害妇女人格的处罚

违反本法规定，通过大众传播媒介或者其他方式贬低损害妇女人格的，由公安、网信、文化旅游、广播电视、新闻出版或者其他有关部门依据各自的职权责令改正，并依法给予行政处罚。

关联规定

《妇女权益保障法》第二十八条、第七十七条；《民法典》人格权编、侵权责任编

第八十三条　招录（聘）中侵害妇女权益和侵害女职工社会保险待遇的处罚

用人单位违反本法第四十三条和第四十八条规定的，由人力资源和社会保障部门责令改正；拒不改正或者情节严重的，处一万元以上五万元以下罚款。

关联规定

《妇女权益保障法》第四十三条、第四十八条

第八十四条　推诿、拖延、压制不予查处侵害妇女权益的申诉、控告、检举或进行打击报复的处分

违反本法规定，对侵害妇女权益的申诉、控告、检举，推诿、拖延、压制不予查处，或者对提出申诉、控告、检举的人进行打击报复的，依法责令改正，并对直接负责的主管人员和其他直接责任人员给予处分。

国家机关及其工作人员未依法履职的处分

国家机关及其工作人员未依法履行职责，对侵害妇女权益的行为未及时制止或者未给予受害妇女必要帮助，造成严重后果的，依法对直接负责的主管人员和其他直接责任人员给予处分。

侵害妇女权益的后果

违反本法规定，侵害妇女人身和人格权益、文化教育权益、劳动和社会保障权益、财产权益以及婚姻家庭权益的，依法责令改正，直接负责的主管人员和其他直接责任人员属于国家工作人员的，依法给予处分。

普法问答

国家工作人员打击报复提出申诉、控告、检举的人，可能会受到什么刑事处罚？

《刑法》第二百五十四条规定，国家机关工作人员滥用职权、假公济私，对控告人、申诉人、批评人、举报人实行报复陷害的，处二年以下有期徒刑或者拘役；情节严重的，处二年以上七年以下有期徒刑。

关联规定

《妇女权益保障法》第三章至第七章；《刑法》第二百五十四条

第八十五条　侵害妇女权益的行政、民事、刑事处罚

违反本法规定，侵害妇女的合法权益，其他法律、法规规定行政处罚的，从其规定；造成财产损失或者人身损害的，依法承担民事责任；构成犯罪的，依法追究刑事责任。

关联规定

《民法典》侵权责任编；《治安管理处罚法》；《刑法》

第十章　附　　则

第八十六条　施行日期

本法自 2023 年 1 月 1 日起施行。

附录　典型案例

一、产假期间被扣生育津贴获赔案[①]

☞ 基本案情

陈某某于2017年11月7日入职北京某咨询公司（以下简称公司），劳动合同为期三年，工作地点为海南省海口市。2019年4月16日起，陈某某经公司批准休产假，但第二天被公司告知海南区域业务经营调整，决定撤销其所在岗位，与其解除劳动合同。陈某某提出抗议，要求公司赔偿并出具书面解除证明，遭到拒绝。2019年7月，陈某某按公司要求向当地社保部门申领了生育津贴，但公司一直未向其支付。

陈某某向海南省职工服务中心（以下简称中心）申请工会法律援助，中心工作人员经核实确认情况属实后，指派省工会法律援助律师代理其向海南省劳动人事争议仲裁委员会申请仲裁。律师指导陈某某与公司负责人再次沟通还原事情经过，并保存电话录音、微信聊天记录，与劳动合同、工作系统钉钉聊天记录、社保清单、工资银行流水明细等证据一同提交给仲裁委员会。2019年12月20日，海南省劳动人事争议仲裁委员会作出《案件逾期告知书》，告知陈某某可向人民法院提起诉讼。

☞ 裁判结果

2020年6月17日，海口市龙华区人民法院开庭审理此案，公

① 案例来源：全国妇联2021年发布第四届“依法维护妇女儿童权益十大案例”之一，载微信公众号“全国妇联女性之声”2021年12月28日。

司经合法传唤无正当理由未到庭参加诉讼。因事实清楚、证据充分，法院判决基本支持了陈某某的诉讼请求，确认陈某某与公司自2017年11月7日至2019年4月17日期间存在劳动关系，判决公司向陈某某支付违法解除劳动关系赔偿金、产假期间的生育津贴、失业期间的失业保险金损失，共计48439.35元。公司于2020年11月中旬执行了判决。

典型意义

本案是一起用人单位以非过错性理由与“三期”女职工单方违法解除劳动关系、克扣女职工生育津贴的典型案例。《妇女权益保障法》《劳动合同法》《社会保险法》《女职工劳动保护特别规定》等国家法律法规规定，女职工怀孕、生育哺乳的，用人单位不能单方与其解除劳动合同，具有《劳动合同法》第三十九规定的情形除外；女职工生育产假期间，应当享受生育津贴。另外，按照《劳动合同法》的规定，用人单位应当在解除或者终止劳动合同时出具解除或者终止劳动合同的证明。本案中，公司业务经营调整不是单方与“三期”女职工解除劳动合同的合法理由，明显属于违法解除劳动合同的行为；拒绝出具解除劳动合同证明的行为违反了法律法规，也给陈某某造成了无法申领失业保险的损失。公司不仅应当承担违法解除劳动合同赔偿金，也应对女职工生育津贴、失业期间的相关损失承担赔偿责任。

本案中工会及时为当事人提供法律援助，切实发挥了在维护职工合法权益方面的重要作用。广大女职工遇到此类情形时，应当积极寻求工会组织的帮助。

二、工会劳动法律监督维护内退女职工特殊权益案[①]

☞ 基本案情

2020 年 3 月，江苏某市某企业制定了员工内部退养管理办法，规定职工距离退休年龄不足五年可以办理内部退养，每月领取基本生活费，不享受在职职工各项福利，并据此与符合条件的职工签订内退协议。当年 5 月，企业组织在职职工体检，未安排内退职工参加，同时取消了内退女职工妇女常见病普查和“两癌”筛查。内退女职工认为不合理，在与企业协商无果后，78 名内退女职工集体向市总工会寻求帮助。

市总工会女职工部会同法工部启动工会劳动法律监督程序，第一时间向企业工会负责人核实情况，指出该公司取消内退女职工妇女常见病普查和“两癌”筛查的做法，违反了《江苏省女职工劳动保护特别规定》相关规定，侵犯女职工合法权益，同时指导企业工会与行政方协商，尽快妥善处理矛盾。但该公司法务认为内退职工与企业签订协议明确放弃在职职工所有福利，拒绝工会劳动法律监督建议。

在此情形下，市总工会决定启动“上代下”维权机制，由分管领导带队进入企业，直接约谈公司分管副总，针对公司法务的观点提出两条监督意见：一是依据《江苏省女职工劳动保护特别

① 案例来源：全国妇联 2021 年发布第四届“依法维护妇女儿童权益十大案例”之一，载微信公众号“全国妇联女性之声”2021 年 12 月 29 日。

规定》，妇女常见病普查和“两癌”筛查不属于内退协议中福利待遇的内容，而是用人单位的法定义务，企业必须履行，不得因签订相关协议而免除义务。二是该项劳动争议涉及78名内退女职工，人数众多，企业应当充分考虑其对劳动关系和谐稳定的影响，及时依法依规解决问题。最终，企业行政方接受工会监督意见，同意安排所有内退女职工进行妇女常见病普查和“两癌”筛查。

典型意义

本案是一起侵害女职工特殊权益的典型案件。《江苏省女职工劳动保护特别规定》（省政府令第122号）第二十一条规定，用人单位应当每年至少安排1次妇女常见病普查，对年满35周岁的女职工应当增加乳腺癌、宫颈癌筛查。女职工年度妇女常见病普查、年满35周岁女职工“两癌”筛查是女职工的法定权利，也是用人单位应尽的法定义务。本案中企业78名内退女职工与企业并未终止劳动关系，内退协议有关女职工体检的约定，违反政府规章强制性规定，是无效的。

工会组织对本案的顺利解决发挥了重要作用。市总工会第一时间启动了工会劳动法律监督程序和“上代下”维权机制，把普法、监督和案件调处同步推动，有效化解了劳动争议，纠正了企业的违法行为，维护了职工合法权益，为各级工会组织加强劳动法律监督、依法调处案件提供了示范。同时，为推动用人单位落实女职工“两癌”筛查相关规定，2020年，江苏省总工会联合省卫健委制定下发了《关于开展女职工生殖健康和“两癌”筛查“三年行动”通知》，江苏省协调劳动关系三方委员会联合下发《关于加强女职工特殊权益保护专项集体协商工作的指导意见》，将女职工“两癌”筛查内容作为女职工特殊权益保护专项集体协商的重要内容加以推进；2021 年，江苏省总工会女职工委员会启动实施女职工特殊权益监督评估专项服务行动，向辖区内用人单位发放《女职工“两癌”筛查落实情况监督提示函》，督促用人单位落实相关法定义务，切实维护女职工合法权益和特殊利益。

三、发挥社工作用解决探望权纠纷案[①]

☞ 基本案情

林某（女）与吴某某（男）原系夫妻，2012 年生育一女名吴某乙，2015 年吴某乙被诊断患有非典型自闭症。2017 年两人离婚，但未就探望权作出明确约定。后吴某乙随父亲吴某某在上海生活，林某回原籍广州生活。离婚后，林某、吴某某两人仍因感情纠葛相互指责，关系不断恶化。2020 年 3 月，林某以吴某某拒不向其通报女儿的生活、教育情况，剥夺她对女儿的探望权为由，诉至上海市某区法院，要求将女儿吴某乙带离上海在广州探望。吴某某辩称，因女儿的特殊病情无法配合原告进行探望，不同意原告的诉请。

针对双方诉辩，法院在征得双方同意后，委派专业社工机构调查了解吴某乙的情况。社工上门调查后认为，孩子有对母爱的需求，母亲适当的探望有益于满足其内心情感需要。但基于孩子的病情及其父母关系的恶化，目前不具备带离探望的条件，建议采取循

① 案例来源：全国妇联 2021 年发布第四届“依法维护妇女儿童权益十大案例”之一，载微信公众号“全国妇联女性之声”2021 年 12 月 30 日。

序推进的探望方式，在初期采用专业人员引导的视频探望，待孩子与母亲建立信任关系后，再将线上探望转为线下探望。

法院向林某、吴某某反馈了社会调查结果，但两人对于探望方式一直不能达成一致。对此法院强化了亲职教育工作，指导两人应将女儿的利益放在首位，让女儿感受亲情，帮助其健康成长。最终在法官的主持下，双方就探望问题达成一致，同意林某原则上以视频形式进行探望，如果情况允许，可以适时来沪实地探望女儿。

考虑到吴某乙病情的特殊性及后续探望的可行性，在征得当事人同意后，承办法官指定两名青少年社工作为探望监督人参与并协助后续探望执行。在几次视频探望之后，经法院与探望监督人评估，孩子对母亲信任度逐渐提升，具备了实地探望的基础。在法官、探望监督人陪同下，林某上门对吴某乙进行了探望，最终实现了母女重逢。

典型意义

探望权执行难是司法实践中经常遭遇的难题。本案的典型意义在于，一是将最有利于未成年人原则贯穿始终。法院在确定探望方式时，坚持从最有益于孩子身心健康的角度出发，针对孩子的情感需要和孩子患有自闭症的特殊情况，强化亲职教育，促使当事人双方放下情感恩怨，将孩子放在首位，选择了最适合孩子的探望方式。在探望执行时，首先通过线上方式帮助自闭的孩子与久别的母亲建立信任关系，待条件成熟时再采取线下方式，让孩子接触母亲，切实感受到母爱。法院的司法实践中充满温情，充分体现了对未成年人的特殊、优先保护。二是积极引入社会专业力量妥善解决探望权纠纷。探望权行使具有时间跨度长、人身属性强且不可强制执行等特点。本案当事人情感矛盾尖锐，孩子又患有自闭症，更加剧了探望权纠纷的处理和执行难度。为妥善解决纠纷，本案法院委派专业社工机构开展社会调查，了解孩子情况并提出解决方案，后又引入探望监督人制度，指定专业青少年社工监督探望执行并指导父母与孩子有效沟通，促进三方良性互动。在专业力量的协助下，法院衡平各方利益，既最大限度保护了未成年人的利益，又满足了作为非直接监护方的母亲探望孩子的愿望，同时缓解了当事人双方的冲突，成功解决了探望权执行难问题，可以为其他探望权纠纷案件提供有益借鉴。

四、违反人身安全保护令司法拘留案[①]

☞ 基本案情

包某（女）与洪某（男）原系恋人关系，双方共同居住生活。洪某在因琐事引起的争执过程中殴打包某，导致包某头皮裂伤和血肿。包某提出分手，并搬离共同居所。分手后，洪某仍然通过打电话、发微信以及到包某住所蹲守的方式对其进行骚扰。包某不堪其扰，遂报警，民警对洪某进行了批评教育。包某担心洪某继续实施家庭暴力，向法院申请人身安全保护令。

① 案例来源：全国妇联2021年发布第四届“依法维护妇女儿童权益十大案例”之一，载微信公众号“全国妇联女性之声”2022年1月6日。

☞ 裁判结果

重庆市巴南区人民法院根据申请依法作出人身安全保护令，裁定：1. 禁止被申请人洪某对申请人包某实施殴打、恐吓等家庭暴力；2. 禁止被申请人洪某接触、骚扰申请人包某。洪某收到人身安全保护令后，无视禁止，继续通过打电话、发短信和微信的方式骚扰包某，威胁包某与其和好并继续交往，其间发送的消息达 300 余条。基于洪某违反人身安全保护令的行为，重庆市巴南区人民法院决定，对洪某处以 1000 元罚款和 15 日拘留。罚款和拘留执行完毕后，洪某未再对包某进行骚扰。

典型意义

本案是一起针对同居关系结束后，当事人之间发生的暴力行为如何认定以及对违反人身安全保护令的行为如何严肃处理的典型案例。《反家庭暴力法》第二条规定家庭暴力是指家庭成员之间以殴打、捆绑、残害、限制人身自由以及经常性谩骂、恐吓等方式实施的身体、精神等侵害行为，第三十七条规定家庭成员以外共同生活的人之间实施的暴力行为，参照本法规定执行。但是在现实生活中，人们还存在一些错误观念和认识误区，即只有发生在夫妻、父母子女等家庭成员之间的暴力行为才是家庭暴力，而前恋人、前配偶的施暴行为则不属于家庭暴力，故而对受害者不应当适用人身安全保护令制度。此外，一些施暴者认为，人身安全保护令不过是一纸空文，即便违反了，也不会怎么样。本案的典型意义就在于对反家庭暴力的难点问题给予了有力的回应。首先，无论是家庭成员之间的暴力行为，还是前恋人、前配偶的施暴行为，都是暴力违法行为，都应当作为家庭暴力，依法签发人身安全保护令，保护受害人合法权益。

其次，人身安全保护令是人民法院依法作出的具有法律效力的裁判文书，相关人员必须严格执行，违反人身安全保护令将承担严重后果，从执法层面对施暴者予以震慑，彰显了人身安全保护令制度的权威性。本案中，重庆市巴南区人民法院坚持以人民为中心，深入贯彻落实习近平总书记关于注重家庭、家教、家风建设重要论述精神，正确理解适用《反家庭暴力法》，积极履行签发人身安全保护令的法定职责，依法打击违反人身安全保护令、侵害妇女权益的违法行为，充分展现了人民法院司法为民、敢于担当的深厚情怀。

五、网络诽谤女子出轨自诉转公诉案[①]

☞ 基本案情

2020年7月至8月期间，郎某在杭州市余杭区良渚街道某快递驿站内，偷拍被害人谷某（女）取快递视频，并伙同何某捏造谷某结识快递员并多次发生不正当性关系的微信聊天记录、“赴约途中”“约会现场”等视频、图片，陆续发布在某微信群，后经他人转发，迅速扩散到上百个微信群、多个微信号等网络平台，引发大量点击、阅读及低俗评论，严重影响了谷某的正常工作生活。同年8月至12月，此事经多家媒体报道后引发网络热议，其中仅微博话题“被造谣出轨女子至今找不到工作”阅读量就达4.7亿、参与讨论5.8万人

① 案例来源：全国妇联2021年发布第四届“依法维护妇女儿童权益十大案例”之一，载微信公众号“全国妇联女性之声”2022年1月7日。

次。2020 年 12 月 14 日被害人谷某自诉被立案后，余杭区人民检察院第一时间成立专案组，提前介入引导侦查并协同取证，固定关键证据。12 月 22 日，检察院建议公安机关将本案以公诉程序立案侦查。2021 年 2 月 26 日，检察院依法对郎某、何某以诽谤罪提起公诉。

☞ 裁判结果

2021 年 4 月 30 日，余杭区人民法院依法公开开庭审理此案并当庭宣判，分别以诽谤罪判处被告人郎某、何某有期徒刑一年，缓刑二年。判决后，被告人均未上诉。

典型意义

本案是一起司法机关对普通民众在网上受到侮辱诽谤以公诉程序查处的案件。本案的意义：一是展示司法机关严厉打击任何领域侵害妇女权益的鲜明态度和坚定立场，体现了司法机关加强对妇女人格权的刑法保护，维护网络社会秩序，营造清朗的网络环境，践行全面依法治国的要求。二是为明确“严重危害社会秩序和国家利益”公诉情形提供个案参考。本案中，被告人恶意编造侮辱女性的不雅内容，利用网络诽谤他人，不仅严重损害妇女名誉权和人格尊严，使得被害人的工作、生活和身体健康遭受极大影响，而且经网络迅速传播，给广大公众造成不安全感，严重扰乱网络社会公共秩序，影响“围观”群众对个人安全、社会治理、国家法治的信心。本案由自诉转为公诉，是司法机关主动作为，对《刑法》第二百四十六条规定的创新应用。三是有助于鼓励广大女性面对诽谤等违法行为侵害时，不做沉默的羔羊，勇于拿起法律武器维护自身合法权益；同时引导广大公民树立“网络不是法外之地”的正确观念，自觉规范网上行为，共同维护网络秩序。

六、“一站式”取证严惩性侵儿童案[①]

☞ 基本案情

2018 年 4 月，李某强行多次性侵一名被其拐骗的女童，猥亵一名男童。上海市某区人民检察院接报公安机关涉案线索后，遵循性侵害未成年人“一案一介入”原则，提前介入，排摸关联线索，强化捕前取证引导，将涉及的跨省拐骗、组织乞讨以及猥亵被拐骗儿童等恶性犯罪彻底查清查实。为了避免对被害儿童造成二次伤害，检察院联合公安机关开展“一站式”取证，联系专业社工作为合适成年人，委托司法局指派律师作为诉讼代理人，安排心理咨询师对未成年受害人进行心理疏导，与民政及社区管理等部门对接予以妥善安置，持续与多地公安密切联系，帮助其中两名未成年受害人成功寻找父母重返家庭。2019 年 1 月 11 日，上海市某区人民检察院以李某涉嫌强奸罪、拐骗儿童罪、猥亵儿童罪向法院提起公诉。

☞ 裁判结果

法院经审理，以强奸罪判处李某有期徒刑六年六个月；以拐骗儿童罪判处有期徒刑四年；以猥亵儿童罪判处有期徒刑三年六个月；决定执行有期徒刑十一年。

① 案例来源：全国妇联 2021 年发布第四届“依法维护妇女儿童权益十大案例”之一，载微信公众号“全国妇联女性之声”2022 年 1 月 19 日。

典型意义

本案是跨省拐骗、强奸、猥亵儿童的恶性犯罪，社会危害极大，严重影响儿童成长和社会稳定。检察机关提前介入，引导侦查取证，积极落实未成年被害人一站式取证保护机制，关爱救助困境儿童，护航寻亲路，以“检察温度”为受害未成年人筑起安全的“城堡”。司法实践中，多次询问取证会对未成年受害人造成二次伤害，极易导致其产生抗拒心理，增加取证难度。针对本案中未成年受害人的特殊身心特点和复杂境况，检察机关提前介入案件办理，督促、协助公安机关落实被害儿童临时安置场所，联合开展“一站式取证”，根据未成年人身心发展特点，用符合其认知水平的用语，配合同步录音录像进行询问，开辟医疗绿色通道进行身体检查，及时固定证据，成功取证。针对涉案未成年受害人缺失家庭监护的问题，检察机关履行司法监护职责，联系专业社工作为合适成年人到场，委托司法行政部门指派熟悉儿童身心特点的律师提供法律支持，保障未成年受害人的诉讼权利。案件办结后，检察机关坚持结案但不结束监管，针对未成年受害人无家可归、继续安置的社会治理难题，加大救助帮扶力度，安排心理咨询师给予疏导抚慰，协同公安、民政等相关部门帮助两名孩子寻亲成功，妥善安置未成年人，让他们感受到来自社会大家庭的温暖和关爱。

七、家暴起诉离婚法院缺席判决案[①]

☞ 基本案情

李某（男）与胡某某（女）闪婚后，经常酒后殴打胡某某，每次都以威胁加道歉的方式取得胡某某谅解，但打骂行为却不断升级，甚至出轨其他异性。胡某某在家人的支持下，向人民法院提起诉讼，申请人身安全保护令，并要求离婚。李某得知后向胡某某发送了近百条恐吓微信，胡某某万般无奈下向妇联寻求帮助。

妇联指派的律师发现，胡某某因李某尾随处于极度恐惧的现实状态，律师立即协助胡某某向法院提交人身安全保护令申请，以及威胁短信、微信、尾随照片等证据。法院审查后下发人身安全保护令，律师积极申请承办法官联合派出所向李某当面送达人身安全保护令，法官明确告知其违反人身安全保护令的后果，使李某彻底停止骚扰行为，胡某某得到保护和心理抚慰。

在之后的离婚诉讼中，李某拒不到庭参加庭审，案件审判陷入僵局，胡某某的诉求极有可能被驳回。为能让法官更全面地了解案情，律师指导胡某某将自己的遭遇写成约 3000 字的情况陈述提交法院，同时收集了北京、上海等地被告缺席判决离婚的多个判例提交法院，出具了详细的代理意见。

---

① 案例来源：全国妇联 2021 年发布第四届“依法维护妇女儿童权益十大案例”之一，载微信公众号“全国妇联女性之声”2022 年 1 月 20 日。

☞ 裁判结果

法院经审理，认为胡某某与李某二人婚前缺乏了解，草率结婚，婚后亦未建立起夫妻感情，双方性格不合，难以共同生活。本案中，被告李某经合法传唤不到庭应诉、陈述、举证与质证，是对其享有的诉讼权利的放弃。依照《婚姻法》第三十二条①、《最高人民法院关于审理离婚案件如何认定夫妻感情确已破裂的若干具体意见》（已失效）第二条、《民事诉讼法》第一百四十四条②之规定判决，准予原告胡某某与李某离婚。

典型意义

本案是法院在夫妻一方首次起诉离婚且被告缺席的情况下，作出准予离婚的判例。在司法实践中，一方缺席庭审，一般情况下无法判决离婚。本案代理律师充分运用有限的证据，通过案例检索结果推动“缺席判决”，指导胡某某提交翔实的感情经历陈述，有力说明婚前缺乏了解、婚后经常性家庭暴力已导致夫妻感情完全破裂的事实，获得法院的支持。法院坚持以事实为依据，以法律为准绳，判决双方离婚，让司法审判不被不遵守规则的人所左右，使李某因拒不到庭恶意对抗的行为承担相应的后果，既维护了法律的公平与正义，又彰显了司法为民的温度。对当事人胡某某而言，这也是人生噩梦的终结，新生活的开始。

---

① 现为《民法典》第一千零七十九条。

② 现为2021年修正的《民事诉讼法》第一百四十七条。

八、强奸重伤幼女判处死刑案[①]

☞ 基本案情

张某某是女童A的邻居，2020年8月29日，张某某编造谎言将女童A（4周岁）骗至某处，采用暴力手段猥亵并强奸女童A，致女童A身体多处重伤，其中一处九级伤残、二处十级伤残。2020年8月30日，该男子被公安机关抓获。

因被害人系幼女，且家庭经济条件困难，其父向某区法律援助中心提出法律援助申请，欲提起刑事附带民事诉讼。2020年9月4日，某律师事务所接受委托指派律师代理本案。代理律师向侦查、检察、审判机关沟通反馈案件相关情况，指出被告人主观恶性极大、手段极其残忍、社会危害性极大且有犯罪前科，建议对刑事部分以强奸罪定罪并从重处罚。2020年10月，某市人民检察院对该案提起公诉。2020年12月，某市中级人民法院依法不公开开庭审理，以强奸罪判处张某某死刑，剥夺政治权利终身，赔偿各项经济损失人民币40余万元。

因被害人女童A医疗费用较高，其父母两人轮流在医院护理，全家无任何经济来源，且被告人没有任何赔偿能力，由区政府牵头，建立了多部门联合救助机制，代理律师及其朋友也对被害人进行了经济捐助，使受害人的救治、生活费用基本能够得到保障。

---

① 案例来源：全国妇联2021年发布第四届“依法维护妇女儿童权益十大案例”之一，载微信公众号“全国妇联女性之声”2022年1月21日。

典型意义

本案被害人年仅4岁，张某某的侵害行为严重损害了被害幼女的身心健康，罪行极其严重，社会影响极其恶劣。案发后，当地政府、司法局和公检法机关对案件高度重视、快速响应、依法严惩犯罪分子，体现了国家对性侵未成年人案件零容忍、从重、从严打击的态度，有力维护和保障了未成年人的合法权益。

法律援助律师在本案中也发挥了重要作用。一方面律师积极取证，详细了解被害人伤情、精神状态、后续治疗费用等重要信息，精准提出赔偿项目及金额；另一方面与被害人、监护人耐心沟通，安抚、稳定被害人及其家属情绪，引导树立正面、积极的人生态度。代理律师不辞辛劳的工作向受害人传递了法律援助的温暖。

该案也警示我们，保护未成年人，学校、社会、家长都不能缺位，家长要切实履行监护责任，提升保护意识，增强监护能力，保护未成年人远离不法侵害。

九、离婚藏匿子女刑事拘留案[1]

☞ 基本案情

陈某（女）与汪某（男）婚后感情不和，经常争吵。2019年7月，陈某生下一子。孩子出生第三天，汪某将孩子带离，再无消

① 案例来源：全国妇联2021年发布第四届“依法维护妇女儿童权益十大案例”之一，载微信公众号“全国妇联女性之声”2022年1月25日。

息。2019年9月，陈某到安徽省滁州市妇联信访请求帮助找回孩子。妇联多次组织双方调解，因汪某一再出尔反尔而失败，遂引导双方通过诉讼解决问题，并为陈某申请了法律援助。在不断寻找幼子、协商处理纠纷的过程中，见不到孩子的陈某情绪波动较大，失去了稳定的工作，妇联多次对其进行心理疏导，提供困难救助。

☞ 裁判结果

2020年3月，法院判决孩子由陈某抚养，汪某每月支付抚养费1200元，但汪某拒不执行生效判决，仍将孩子藏匿在外地并拒绝见面。法院以汪某涉嫌"拒不执行法院判决、裁定罪"将案件移交公安分局侦办，公安分局审查立案后依法对汪某采取了刑事拘留的强制措施。此时，汪某及其家人才主动联系法院，表示愿意配合案件执行。2021年1月，在市妇联的见证下，汪某委托姐姐把孩子交给陈某，双方达成谅解，并协议确定对孩子抚养、探视的权利和义务，案件得到圆满解决。

典型意义

本案是以"拒不执行法院判决、裁定罪"解决抢夺、藏匿未成年子女问题的成功案例。近年来，因离婚引起一方抢夺、藏匿未成年子女问题频发：有的当事人无视法院判决，光天化日下从幼儿园、学校甚至法庭抢走孩子；有的抢夺藏匿孩子后无心无力照料，干脆让孩子成为留守儿童；有的给孩子输灌仇视另一方的思想。这些行为不仅侵害另一方依法享有的监护、抚养、探望权利，也对未成年人身心健康造成伤害，有的矛盾纠纷愈演愈烈，酿成人身伤亡的恶性案件，影响极其恶劣。造成这种乱象的原因在于，一些当事人认为抢夺、藏匿自己孩子的行为不违法，为了争夺抚养权提前谋划抢夺、藏匿孩子，形成

"共同生活"的既定事实。在司法实践中，缺乏惩治这种行为的法律规范，且未成年人的人身又不能强制执行，致使抢夺、藏匿未成年子女的行为人有恃无恐，成为维权难点问题。

本案中司法机关相互配合，取得成效。人民法院担当作为，准确适用"拒不执行判决、裁定罪"，在移交后，公安机关审查立案后对当事人采取了刑事拘留，彰显了法律尊严，体现了公平正义。最终，在法律的震慑下，当事人回归理性，放下了恩怨，判决得到顺利执行，解决了妇女群众的揪心事，促进了社会和谐稳定。本案为解决抢夺、藏匿未成年子女问题提供了参考。

十、支持"外嫁女"获同等村民待遇案①

☞ 基本案情

2020年2月，福建省刘某等10个外嫁女到某县信访局反映：她们均是某村某生产小组的"外嫁女"，2017年、2019年生产小组在分配集体征地赔偿款时，将"外嫁女"排除在外，请求解决问题。县信访局根据属地原则，将该纠纷转至某乡政府处理。乡政府召集某生产小组的组长与组委会代表进行协商、沟通，但未达成一致，调解失败，后引导刘某等人走诉讼程序，并为其协调法律援助。

县法律援助中心综合疫情防控、当事人意见、节省诉讼资源等

① 案例来源：全国妇联2021年发布第四届"依法维护妇女儿童权益十大案例"之一，载微信公众号"全国妇联女性之声"2022年1月27日。

因素，决定先选择刘某为代表，为其指派经验丰富的法律服务工作者。该承办人积极收集刘某医保、社保缴纳、选民资格、土地承包经营权证、外嫁后是否被纳入城镇社会保障体系获得其他生活保障等证据，证明刘某出生以来户籍均在该生产小组，履行村民义务，缴纳养老保险和医疗保险，参加村委会换届选举，没有在丈夫所在的居委会享受任何待遇，理应享有村民资格，却没有享受作为村民待遇的征地补偿款。

庭审中，承办人根据《最高人民法院关于审理涉及农村土地承包纠纷案件适用法律问题的解释》第二十四条①，指出该村民小组的村民代表会议的决定与法律法规和国家的政策相抵触，给予刘某不同于其他集体经济组织成员区别待遇，不符合法律规定，损害了刘某作为该组织成员同等参与分配集体财产的合法权益。

☞ 裁判结果

县人民法院审理后依法作出判决：被告某村民委员会某生产小组给予刘某等人同等村民待遇，并在判决生效后向原告刘某等人支付征地补偿款。本案胜诉后，该村民小组同意按时履行法院生效判决并依此给予刘某以外的9名“外嫁女”同等村民待遇。

典型意义

本案是通过一个判决解决两次征地赔偿款权益问题的成功判例。农村集体经济组织或者村民委员会、村民小组，可以依照法律规定的民主议定程序，决定在本集体经济组织内部分配已经收到的土地补偿费，但不能侵害集体经济组织成员同等享有

① 现为2020年修正的《最高人民法院关于审理涉及农村土地承包纠纷案件适用法律问题的解释》第二十二条。

土地补偿费分配的权利。法院根据最高人民法院有关司法解释的规定，以及充分的事实证据，认可刘某的集体经济组织成员资格，认定其应当同等享有分配土地补偿款的权利，防止了以“村民自治”为由，违反宪法和法律，多数人侵犯少数人权益，切实维护了农村妇女的合法权益。

在化解涉群体性纠纷方面，本案也有示范意义。纠纷涉及10名“外嫁女”，性质一致，为最有效地利用国家司法资源，县法律援助中心承办人与村生产小组组长多次沟通促成共识，通过个案诉讼达到解决群体案件的目的和效果，法院进行公开审理，对村民及村生产小组组长也起到“以案释法”的法治教育效果，村民小组不仅支付了两次征地补偿款，还解决了刘某等“外嫁女”今后的同等村民待遇问题，为这起“外嫁女”维权纠纷画上了圆满的句号。

十一、常某故意伤害案[①]

☞ 基本案情

被告人常某与其父常某春（被害人，殁年56岁）、母郑某共同居住，常某春饮酒后脾气暴躁，经常辱骂、殴打家人。2012年8月29日18时许，常某春酒后又因琐事辱骂郑某，郑某躲至常某卧室。当日20时许，常某春到常某卧室继续辱骂郑某，后又殴打郑某和

① 案例来源：最高人民法院2015年发布涉家庭暴力犯罪典型案例，载最高人民法院网，https：//www. court. gov. cn/zixun-xiangqing-13615. html。

常某，扬言要杀死全家并到厨房取来菜刀。常某见状夺下菜刀，常某春按住郑某头部继续殴打。常某义愤之下，持菜刀砍伤常某春头、颈、肩部等处，后将常某春送往医院救治。次日，常某到公安机关投案。当晚，常某春因失血性休克死亡。

☞ 裁判结果

重庆市江津区人民法院经审理认为，常某持刀故意伤害致一人死亡的行为已构成故意伤害罪，但其行为属防卫过当，依法应当减轻或免除处罚。案发后，常某投案自首，其母表示谅解，同时考虑到被害人常某春平时饮酒后常常对家庭成员实施家庭暴力，故对常某减轻处罚并适用缓刑。依照刑法有关规定，以故意伤害罪判处常某有期徒刑三年，缓刑五年。宣判后，在法定期限内被告人没有上诉、抗诉，判决已发生法律效力。

典型意义

本案被告人常某已经将被害人常某春手中的菜刀夺下，但常某春对郑某的不法侵害仍在继续，虽然殴打的不是常某，但其扬言要杀死全家，结合常某春平时酒后常有严重的家庭暴力行为，不能排除其暴力行为造成更严重后果的可能。因此，常某针对常某春正在进行的家庭暴力，有权进行防卫。但从常某持菜刀砍击常某春造成多处损伤并致其因失血性休克死亡分析，确实与常某春徒手家暴行为的手段和严重程度不对等，因此可以认定常某的行为构成防卫过当，同时考虑到常某将常某春砍伤后立即送往医院救治，案发后投案自首，得到其母亲的谅解。常某春具有家庭暴力既往史，常某春的其他亲属和邻居也要求对常某从轻处罚等情节，对常某减轻处罚并适用缓刑，是完全适当的。

十二、朱某春虐待案①

☞ 基本案情

1998年9月，被告人朱某春与被害人刘某（女，殁年31岁）结婚。2007年11月，二人协议离婚，但仍以夫妻名义共同生活。2006年至案发前，朱某春经常因感情问题及家庭琐事殴打刘某，致刘某多次受伤。2011年7月11日，朱某春又因女儿的教育问题及怀疑女儿非自己亲生等与刘某发生争执。朱某春持皮带抽打刘某，致使刘某持刀自杀。朱某春随即将刘某送医院抢救。经鉴定，刘某体表多处挫伤，因被锐器刺中左胸部致心脏破裂大失血，经抢救无效死亡。当日，朱某春投案自首。

☞ 裁判结果

湖北省武汉市汉阳区人民法院经审理认为，朱某春经常性、持续性地采用殴打等手段损害家庭成员身心健康，致使被害人刘某不堪忍受身体上和精神上的摧残而自杀身亡，其行为已构成虐待罪。朱某春自动投案，如实供述自己的罪行，构成自首，可以从轻处罚。依照刑法有关规定，以虐待罪判处被告人朱某春有期徒刑五年。宣判后，朱某春提出上诉。武汉市中级人民法院经依法审理，裁定驳回上诉，维持原判。

---

① 案例来源：最高人民法院2015年发布涉家庭暴力犯罪典型案例，载最高人民法院网，https：//www.court.gov.cn/zixun-xiangqing-13615.html。

典型意义

本案是一起虐待共同生活的前配偶致被害人自杀身亡的典型案例。司法实践中，家庭暴力犯罪不仅发生在家庭成员之间，在具有监护、扶养、寄养、同居等关系的共同生活人员之间也经常发生。为了更好地保护儿童、老人和妇女等弱势群体的权利，促进家庭和谐，维护社会稳定，《关于依法办理家庭暴力犯罪案件的意见》将具有监护、扶养、寄养、同居等关系的共同生活人员界定为家庭暴力犯罪的主体范围。本案被告人朱某春虽与被害人刘某离婚，二人仍以夫妻名义共同生活，朱某春经常性、持续性地实施虐待行为，致使刘某不堪忍受而自杀身亡，属于虐待“致使被害人死亡”的加重处罚情节，应依法予以重判。

十三、黄某学强奸案[①]

☞ 基本案情

2003 年冬季至 2014 年期间，被告人黄某学以金钱引诱、殴打、威胁等方式，多次对其继女晋某甲（被害人，1990 年出生）、晋某乙（被害人，1992 年出生）、晋某丙（被害人，1995 年出生）进行奸淫。晋某乙住校读书期间，黄某学还发手机短信到晋某乙同学的手机上，威胁晋某乙必须回家与其继续发生性关系。2014 年 5 月的一天，黄某学授意其亲生女儿诱骗女同学晋某某（2001 年 10 月

① 案例来源：最高人民法院 2016 年发布侵犯妇女儿童权益犯罪典型案例，载最高人民法院网，https：//www. court. gov. cn/zixun-xiangqing-17512. html。

出生）留宿其家，趁晋某某睡觉时欲强奸晋某某，遭晋某某反抗并提出要回家而未遂。

法院经审理认为，被告人黄某学采取暴力、威胁等手段长期对三名不满 14 周岁的继女实施奸淫，强奸未满 14 周岁的晋某某未遂的行为，均已构成强奸罪，应依法从重处罚。黄某学犯罪情节特别恶劣，后果特别严重，依照刑法有关规定，以强奸罪判处被告人黄某学无期徒刑，剥夺政治权利终身。

典型意义

本案是一起继父强奸年幼继女的典型案件。根据我国刑法规定，奸淫不满 14 周岁的幼女的，以强奸论，从重处罚。这种发生在家庭内部的性侵行为，具有高度隐蔽性，被害人往往被长期侵犯而不被发现，其身心遭到巨大损害。不仅如此，这种行为也严重破坏了社会、家庭的基本伦理道德观。鉴于此，最高人民法院、最高人民检察院、公安部、司法部联合发布的《关于依法惩治性侵害未成年人犯罪的意见》中规定，对未成年人负有监护职责的人员及与未成年人有共同家庭生活关系的人员实施强奸的，更要从严惩处。本案被告人黄某学身为 3 名年幼被害人的继父，利用与被害人共同生活的便利条件，在长达十余年时间内多次对被害人实施奸淫，不仅严重侵害了被害人身心健康，更是严重违反了社会人伦，社会危害极大，影响极其恶劣，最终受到法律的严惩。本案的发生给未成年人及其监护人或近亲属一个警示，应提高防范性侵的意识和能力，发现犯罪后，要勇于揭露、制止犯罪，防止因一味沉默忍让而致不法分子得寸进尺，致使遭受更大伤害。同时，社会、学校也要加强对未成年人防范各种侵害的意识教育。根据《反家庭暴力法》的规定，学校发现未成年人遭受家庭成员侵害的，有义务向公安机关报警。

十四、杨某光、李某建等拐卖妇女案①

☞ 基本案情

被告人杨某光、李某建伙同田某忠、张某祥、李某飞等人（均系同案被告人，已判刑），先后以嫖娼为名，在云南省河口县一些宾馆、酒店，采用暴力手段，强行将越南籍妇女被害人阮某桃、阮某恒等 17 人带至云南省富宁县、砚山县、广南县、马关县等地，通过赵某林、何某周（均系同案被告人，已判刑）等联系，转卖给当地村民。其中，杨某光参与作案 6 起，拐卖妇女 12 人，李某建参与作案 7 起，拐卖妇女 14 人。

☞ 裁判结果

云南省红河哈尼族彝族自治州中级人民法院经审理认为，杨某光、李某建等人采用暴力、胁迫的方式绑架妇女后出卖，其行为构成拐卖妇女罪，均应依法惩处。在共同犯罪中，杨某光、李某建提起犯意，具体负责联系买家交易及分配赃款，起主要作用，系主犯。杨某光系累犯，应从重处罚。依照刑法有关规定，以拐卖妇女罪分别判处被告人杨某光、李某建死刑，缓期二年执行，剥夺政治

① 案例来源：最高人民法院 2015 年发布惩治拐卖妇女儿童犯罪典型案例，载最高人民法院网，https：//www.court.gov.cn/zixun-xiangqing-13549.html。

权利终身，并处没收个人全部财产；以拐卖妇女罪分别判处田某忠、张某祥、李某飞等人无期徒刑，剥夺政治权利终身，并处没收个人全部财产；其他同案被告人分别被判处十五年至四年不等有期徒刑，并处没收个人全部财产或罚金。宣判后，杨某光、李某建提出上诉。云南省高级人民法院经依法审理，裁定驳回上诉，维持原判。

典型意义

本案被害人身份特殊，均系越南籍妇女，且多数在我国境内从事卖淫活动，本属依法整顿治理的对象，但被害人的特殊身份并不影响我国司法机关对拐卖妇女涉案人员的定罪量刑。本案两名被告人被判处死缓，三名被告人被判处无期徒刑，彰显了我国司法机关依法严厉打击、遏制一切形式拐卖妇女犯罪的决心。案发后，我国司法机关依照我国缔结和参加的有关国际条约的规定，积极履行所承担的国际义务，将被解救妇女妥善安置，并及时与有关外事部门联系，提供司法协助和司法救助，将被解救妇女全部安全地送返国籍国。

十五、王某民收买被拐卖的妇女、非法拘禁、强奸案[①]

☞ 基本案情

被告人王某民因妻子不能生育而欲收买妇女为其生子。2013

① 案例来源：最高人民法院2015年发布惩治拐卖妇女儿童犯罪典型案例，载最高人民法院网，https://www.court.gov.cn/zixun-xiangqing-13549.html。

年6月，王某民以1万元从张某见、武某廷（均系同案被告人，已判刑）处将被害人杨某（女，患有精神分裂症）收买回家。为防止杨某逃跑，王某民将杨某关在家中杂物间，并用铁链锁住杨某的双脚，将杨某的一只手锁在一块大石头上。其间，王某民多次与杨某发生性关系。同年7月12日，杨某被公安机关解救。

☞ 裁判结果

江苏省睢宁县人民法院经审理认为，王某民收买被拐卖的妇女后非法限制其自由，明知该妇女患有精神病，还多次与其发生性关系，其行为分别构成收买被拐卖的妇女罪、非法拘禁罪和强奸罪，应依法并罚。依照刑法有关规定，对王某民以收买被拐卖的妇女罪判处有期徒刑一年六个月；以非法拘禁罪判处有期徒刑二年六个月；以强奸罪判处有期徒刑七年；决定执行有期徒刑十年。

典型意义

本案是一起因收买被拐卖的妇女被判刑的典型案例。实践中，收买被拐卖的妇女不仅侵犯了妇女的人格尊严，还往往滋生出非法拘禁、强奸、伤害、侮辱等其他犯罪，严重侵犯了妇女的人身权利，社会危害不容低估，一些群众对“买主”盲目同情的错误观念亦应纠正。

十六、被告人赵某明等非法拘禁案[①]

☞ 基本案情

2011 年 3 月始，被告人赵某明、曹某胜、张某良等人聚集在山东省青岛市黄岛区某房间内进行传销活动，由赵某明担任业务主任负责日常管理。同年 8 月 22 日，张某良以帮助找工作为名，通过 QQ 聊天将被害人江某某（女，时年20 岁）骗至其进行传销的房间后，由赵某明安排曹某胜、张某良等人对江某某讲授传销课程，并贴身看护以防江某某离开。8 月 25 日凌晨，江某某发现被骗入传销组织后，从该房间翻窗逃离时坠楼身亡。

☞ 裁判结果

山东省青岛市黄岛区人民法院经审理认为，被告人赵某明、曹某胜、张某良非法限制他人人身自由，其行为均构成非法拘禁罪。赵某明在缓刑考验期内犯罪，依法应当撤销缓刑，数罪并罚；在共同犯罪中起主要作用，系主犯。张某良、曹某胜系从犯。依照刑法有关规定，认定被告人赵某明犯非法拘禁罪，与前罪数罪并罚，决定执行有期徒刑十一年，剥夺政治权利一年；被告人张某良犯非法拘禁罪，判处有期徒刑九年；被告人曹某胜犯非法拘禁罪，判处有期徒刑七年。现判决已发生法律效力。

---

① 案例来源：最高人民法院 2015 年发布通过网络实施的侵犯妇女、未成年人等犯罪典型案例，载最高人民法院网，https：//www. court. gov. cn/zixun-xiangqing-13328. html。

典型意义

本案是一起采取非法拘禁手段强制女青年参加传销活动致人死亡的案件。随着网络技术的迅速发展，利用网络建立传销组织实施犯罪的案件日益增多。本案被害人江某某即利用网络找工作，不幸被传销分子盯上，被非法拘禁，终至逃生时不幸身亡，令人扼腕叹息。

图书在版编目（CIP）数据

中华人民共和国妇女权益保障法：问答普及版 / 中国法制出版社编 .—北京：中国法制出版社，2022. 11
（2023.10重印）
ISBN 978-7-5216-2960-6

Ⅰ. ①中… Ⅱ. ①中… Ⅲ. ①妇女权益保障法-中国 Ⅳ. ①D922. 7

中国版本图书馆 CIP 数据核字（2022）第 186789 号

责任编辑：李宏伟　秦智贤　　　封面设计：杨鑫宇

中华人民共和国妇女权益保障法：问答普及版

ZHONGHUA RENMIN GONGHEGUO FUNÜ QUANYI BAOZHANGFA：WENDA PUJIBAN

经销/新华书店
印刷/三河市国英印务有限公司
开本/880 毫米×1230 毫米　32 开　　　印张/4. 5　字数/81 千
版次/2022 年 11 月第 1 版　　　2023 年 10 月第 6 次印刷

中国法制出版社出版
书号 ISBN 978-7-5216-2960-6　　　定价：20. 00 元

北京市西城区西便门西里甲 16 号西便门办公区
邮政编码：100053　　　传真：010-63141600
网址：http：//www.zgfzs.com　　　**编辑部电话：010-63141804**
市场营销部电话：010-63141612　　　**印务部电话：010-63141606**

（如有印装质量问题，请与本社印务部联系。）